TECNOLOGIA DA INFORMAÇÃO & DIREITO

Conselho Editorial
André Luís Callegari
Carlos Alberto Molinaro
César Landa Arroyo
Daniel Francisco Mitidiero
Darci Guimarães Ribeiro
Draiton Gonzaga de Souza
Elaine Harzheim Macedo
Eugênio Facchini Neto
Gabrielle Bezerra Sales Sarlet
Giovani Agostini Saavedra
Ingo Wolfgang Sarlet
José Antonio Montilla Martos
Jose Luiz Bolzan de Morais
José Maria Porras Ramirez
José Maria Rosa Tesheiner
Leandro Paulsen
Lenio Luiz Streck
Miguel Àngel Presno Linera
Paulo Antônio Caliendo Velloso da Silveira
Paulo Mota Pinto

Dados Internacionais de Catalogação na Publicação (CIP)

K92t   Kretschmann, Ângela.
    Tecnologia da informação & direito / Ângela Kretschmann, Emerson Wendt. – Porto Alegre : Livraria do Advogado, 2018.
    166 p. ; 23 cm.
    Inclui bibliografia.
    ISBN 978-85-9590-023-3

    1. Direito e informática. 2. Tecnologia da informação - Direito. 3. Propriedade intelectual. 4. Direito do consumidor. I. Wendt, Emerson. II. Título.

CDU 34:004
CDD 343.09944

Índice para catálogo sistemático:
1. Direito e informática   34:004

(Bibliotecária responsável: Sabrina Leal Araujo – CRB 10/1507)

Ângela Kretschmann
Emerson Wendt

TECNOLOGIA DA INFORMAÇÃO & DIREITO

livraria
DO ADVOGADO
editora

Porto Alegre, 2018

©
Ângela Kretschmann
Emerson Wendt
2018

Capa, projeto gráfico e diagramação
Livraria do Advogado Editora

Revisão
Rosane Marques Borba

Imagem da capa
freeimages.com

Direitos desta edição reservados por
Livraria do Advogado Editora Ltda.
Rua Riachuelo, 1300
90010-273 Porto Alegre RS
Fone: 0800-51-7522
editora@livrariadoadvogado.com.br
www.doadvogado.com.br

Impresso no Brasil / Printed in Brazil

Sumário

Apresentação..9
1. Direito e informática..11
   1.1. As liberdades na era tecnológica.................................11
   1.2. Os debates da contemporaneidade.............................15
   1.3. Breves apontamentos sobre as fontes legislativas........16
2. Ética, direito e tecnologia...21
   2.1. As ordens da ética, do direito e da tecnologia.............21
   2.2. A questão ética..23
   2.3. A questão dos limites das ordens técnica e jurídica....25
3. O mundo jurídico..29
   3.1. O mundo jurídico: sistema jurídico e a tecnologia da informação...............29
   3.2. Origens do Direito..32
   3.3. Conceito e historicidade do Direito..............................34
   3.4. Os distintos sistemas de resolução de conflitos..........36
   3.5. A Internet, sua característica autopoiética *sui generis* e o Direito (Penal)......39
4. A divisão do Direito..44
   4.1. Áreas do Direito..44
   4.2. Direitos humanos e direitos fundamentais.................46
   4.3. Alguns direitos fundamentais em análise....................49
5. Direito contratual..55
   5.1. Da teoria dos contratos em geral..................................55
      5.1.1. Conceito e requisitos...56
      5.1.2. Princípios dos contratos em geral.......................57
      5.1.3. Espécies dos contratos em geral..........................58
         5.1.3.1. Classificação quanto à forma....................58
         5.1.3.2. Classificação quanto à natureza...............59
         5.1.3.3. Classificação do Código Civil...................59
   5.2. Dos contratos na era tecnológica..................................60
      5.2.1. Conceito de contratos eletrônicos.......................61

 5.2.2. Princípios dos contratos eletrônicos...62
 5.2.3. Espécies dos contratos eletrônicos..64
6. Direito da propriedade intelectual...67
 6.1. Direitos do autor sobre obras intelectuais...................................67
  6.1.1. Autoria, formalidades, obra produzida por empregado.....................69
  6.1.2. Objeto dos direitos de autor..72
  6.1.3. Direitos morais e patrimoniais..76
  6.1.4. A duração do direito...78
  6.1.5. A liberdade no uso de obras protegidas....................................79
  6.1.6. Sanções cíveis para violações a direitos autorais........................83
  6.1.7. Críticas à atual proteção – desespero enciclopédico da Lei Autoral brasileira..86
   6.1.7.1. As razões político-econômicas do surgimento da lei autoral de 1998...88
   6.1.7.2. O desespero enciclopédico da Lei 9.610/98...........................93
 6.2. Objeto de proteção do direito marcário....................................100
  6.2.1. O que é marca?...100
  6.2.2. O que não pode ser registrado como marca............................102
  6.2.3. O sistema de proteção marcário...103
  6.2.4. Sanções às violações de direitos sobre marcas........................104

7. Os direitos do consumidor..105
 7.1. O direito individual e coletivo do consumidor..........................105
 7.2. Internet e consumidor...106
 7.3. Natureza das normas do direito do consumidor.......................107
 7.4. Cláusulas abusivas..110
 7.5. *Software* livre, direito do consumidor e direito autoral.............111
 7.6. O comércio eletrônico e sua regulação brasileira......................114

8. Delitos informáticos..117
 8.1. Introdução aos delitos informáticos..117
 8.2. Espécies de delitos informáticos...121
  8.2.1. Delitos contra a pessoa...121
   8.2.1.1. Injúria...121
   8.2.1.2. Calúnia..123
   8.2.1.3. Difamação...126
   8.2.1.4. Homicídio e incitação ao suicídio..................................127
   8.2.1.5. Racismo e xenofobia...128
   8.2.1.6. Pedofilia (crimes contra a liberdade sexual de crianças e adolescentes)...130
  8.2.2. Crimes contra o patrimônio – fraudes eletrônicas...................132
   8.2.2.1. Furto (e roubo) e extorsão...132
   8.2.2.2. Dano...134
   8.2.2.3. Estelionato..135

  8.2.2.4. Crimes contra a propriedade intelectual..........................136
  8.2.3. Crimes da Lei Carolina Dieckmann – Lei 12.737/2012....................139
9. Governança da Internet no Brasil e marco civil da Internet........................142
 9.1. Noções introdutórias..142
 9.2. A governança e a regulação da Internet no Brasil...................................146
  9.2.1. Função e atribuições do Comitê Gestor da Internet no Brasil............148
  9.2.2. A regulação da Internet no Brasil: Marco Civil da Internet...............150
 9.3. Governança e a regulação da Internet no mundo......................................152
  9.3.1. A governança da Internet mundial...152
  9.3.2. Modelos de governança em debate: a tendência multistakeholder......155
 9.4. Globalizações, regulações e governança na Internet: conclusões................157
Referências...161

Apresentação

Este livro aborda os temas fundamentais de *Direito* e da *Tecnologia da Informação* e tem a intenção de auxiliar na compreensão das relações estabelecidas com o Direito pelos profissionais da área tecnológica no seu dia a dia de atividades, de modo que possam agir com segurança na sua vida profissional. Portanto, o foco não são necessariamente os profissionais da área do Direito, embora também possam fazer uso dos conhecimentos aqui produzidos.

Os mais diversos trabalhadores da atualidade são cidadãos da era digital, ou como diz Manuel Castells (2003), a era da "rede das redes", fazendo a utilização inevitável de novas mídias e Internet, seja no sentido privado do Direito, seja no sentido público, precisam conhecer as implicações jurídicas de seus atos. A regra básica é que o que a tecnologia possibilita, não implica ação permitida pelo Direito. O tecnólogo, portanto, precisa conhecer o Direito para movimentar-se na sua profissão e no seu dia a dia, conhecendo seus direitos e deveres básicos.

Existe um diálogo muito produtivo entre os profissionais da área jurídica e os da tecnológica, que promove contínuo aperfeiçoamento dos dois campos. Assim como o gestor precisa conhecer o Direito para decidir e agir com maior segurança, também o jurista não pode viver alheio à realidade social, pois o Direito deixa de ter sentido quando distante da realidade, o que obriga o jurista a envolver-se com os novos desafios jurídicos que a evolução tecnológica traz. No dizer de Niklas Luhmann, em sua *Teoria dos Sistemas*, os subsistemas do direito, da política, da moral, da ética, dentre outros, utilizam a comunicação como mecanismo de acoplamento estrutural, para que aquilo que esteja no entorno de cada um possa se comunicar ao sistema, irritando-o ou não, para que aceite ou não, a influência de seu entorno. A Internet, que também pode ser vista como um desses subsistemas, tem sua característica principal a comunicação digital, mas opera também fechada sem deixar de receber e perceber as irritações de outros sistemas. Nesse contexto que direito e tecnologia se relacionam, irritando-se e procurando adequar-se a cada evolução individual: no caso do direito, produzir ou não produzir mais direito; no caso da Internet, agregar ou não mais dados e informações.

Nesse sentido, o livro aborda uma noção geral que envolve o estudo do Direito e da Tecnologia, os principais pontos polêmicos que instigam a análise jurídica e o desenvolvimento do Direito para a solução de conflitos típicos da era digital. O enfoque é dado, em especial, após um apanhado geral do Direito, às áreas do direito do consumidor, direito à imagem, delitos cibernéticos (crimes digitais) e direito autoral.

1. Direito e informática

Resumo:

Do conjunto de ordens normativas que orientam as ações humanas, importa destacar e diferenciar as ordens da técnica, da ética, da moral e da própria ordem da Lei. Inicialmente, portanto, serão analisadas as diferenças entre o Direito, a ética e a técnica, para que se possam enfrentar os temas jurídicos com maior segurança. Assim, será possível ingressar nos aspectos fundamentais do Direito, que o diferenciam da questão ética e moral, tudo a partir da análise teórica e prática de áreas específicas que tocam diretamente à tecnologia (uso de imagem, direito de autor, crimes digitais, marcas, patentes, *softwares* etc.).

1.1. As liberdades na era tecnológica

Lembrando que o objetivo deste livro é auxiliar no diálogo entre profissionais da área jurídica e da área tecnológica, visando a promover um contínuo aprofundamento dos conhecimentos e debates entre os diversos campos que se interligam, propomos iniciar tratando do tema a partir da inserção das questões tecnológicas no ambiente jurídico e vice-versa. Por isso, as questões que nos orientam aqui dizem respeito a esclarecimentos sobre os efeitos das ações humanas quando afetam mundos ou planos distintos, da moral, da ética, do direito, por exemplo.

Para compreender melhor onde queremos chegar, cabe pôr a questão: o que atrai as pessoas para o campo do Direito? Afinal, podemos dizer que um veterinário trata da saúde de animais, que um dentista trata da saúde bucal, que um nutricionista trata da saúde alimentar, e que um analista de dados cuida de algoritmos envolvendo a relação de inúmeros dados. Mas com o que trabalha exatamente o jurista? Qual exatamente o foco do jurista? Uma introdução ao estudo do Direito, para profissionais de outro campo do conhecimento que não o jurídico, merece uma citação esclarecedora, que ensina muito sobre o objeto do Direito e o amplo campo de estudo que se abre: "o jurista trabalha com a questão da liberdade humana, sempre, de modo que podemos dizer que trata-se [sic] de uma questão atualizada permanentemente pelo avanço tecnológico" (Radbruch, 1979).

Essa afirmação se intensifica na nossa época, a da sociedade da informação.[1] O ser humano, como ser histórico, cada dia aproxima-se mais de condições de exercício de liberdades que sequer eram pensadas em outros tempos. O homem sempre discutiu sobre sua liberdade. As condições reais da vida nem sempre se aproximavam do discurso teórico, pelo contrário, fato que fez surgir as noções distintas de liberdade, como, por exemplo, *liberdade negativa* e *liberdade positiva*. Isso quer dizer que na sua historicidade o ser humano sempre procurou alcançar o máximo de liberdade em meio a várias restrições, liberdades que em países com formas de governo baseadas na democracia sempre foram mais fáceis de alcançar. Como exemplo, podem-se citar as restrições norte-coreanas e chinesas.[2]

Antes do avanço tão acelerado da informática, ou seja, antes da chamada "Era do Acesso",[3] ou do que hoje é conhecido como "paradigma tecnológico", o ser humano lutou – e ainda luta – por sua liberdade, e em especial que nos interessa aqui, a liberdade de expressão, porém, nem sempre tinha condições de exercer a própria liberdade a que tinha direito. Ele poderia expressar livremente suas opiniões, mas seria ouvido por poucos, a não ser que ele tivesse muito dinheiro ou apoio para torná-las públicas por meio de órgãos de publicidade privados.

---

[1] Sociedade da Informação é, segundo Borges (2000, p. 29), consequência da sociedade pós-industrial, e possui algumas características, assim resumidas: (a) a informação é um produto e o saber um fator econômico; (b) a distância e o tempo entre a informação e o destinatário não tem mais sentido, ou seja, há perda de noção de tempo e espaço, ou seja, uma *acronia* e uma *atopia*; (c) há "valor agregado" à informação, revolucionado pelas tecnologias da informação e comunicação que, além de revolucionar o mercado, criando novos serviços, empresas, empregos, transformaram o mundo em uma "aldeia global" (McLuhan); (d) o "ciclo informativo" se transformou, pois além do usuário também se tornar produtor (de conhecimentos), há para isso um baixo custo, mesmo quando se trata de armazenamento de grande volume de dados, e; (e) o processamento, recuperação e acesso às informações se tornou mais célere, seguro e eficaz, possibilitando o monitoramento e avaliação dos dados/informações.

[2] Não se trata aqui de discutir questões quanto ao formato liberal ou social de Estado, mas sim de evidenciar, genericamente, que tanto num quanto noutro poderá haver afronta às liberdades e direitos humanos.

[3] Os dados sobre o acesso à Internet podem ser visualizados através da Internet World Stats <http://www.internetworldstats.com/stats.htm>. A população mundial total ultrapassa os 7,5 bilhões de pessoas. Segundo esses mesmos dados, os continentes onde há maior acesso à Internet são a América do Norte, com 88.1% e a Europa, com 77.4 %. A América Latina possui 59.6% de sua população com acesso à Internet. Ainda é preciso muito para atingir mais pessoas, ou seja, ter mais acesso à Internet e, consequentemente, à informação.

O avanço no desenvolvimento tecnológico focado no acesso e dispositivos móveis tornou imediatamente possível o exercício de liberdades de expressão e publicação que nunca tinham sido possíveis, imaginadas e praticadas. Páginas e aplicações envolvendo comunidades/grupos, como o *Facebook*, significam novas formas de exercício da liberdade de expressão, que trazem a questão sobre se o fato em si, pela sua concretização, pela sua possibilidade de tornar-se real, pode levar imediatamente à conclusão de sua licitude.[4]

Algo semelhante já acontecera, nos séculos anteriores, com a invenção da fotografia e da máquina de reprografia, ou, como ficou conhecida, o "xerox", além da criação dos serviços de correio eletrônico (*e-mails*). Se a fotografia tornou possível fixar imagens, surgiu logo o problema de controle das imagens fixadas e o problema daqueles que passavam a ter uma imagem vinculada e fixada sem que tivessem autorizado o ato.[5] Grandes debates jurídicos surgiram em torno do tema, e por vezes o fato do sujeito sair sorrindo na fotografia levava a crer que tivesse autorizado a fixação, quando na realidade ainda deveria ser realizada a distinção entre sorrir para fixar a imagem em foto e sorrir quando esta é veiculada em jornais e revistas e circula com uma publicidade não imaginada no momento do sorriso. Outra distinção merece ser feita quando o sujeito fotografado não é objeto principal da foto mas aparece nela em função de encontrar-se em um ambiente público e evento público.[6]

Com a questão da invenção da cópia reprográfica, aconteceu algo similar, e que confunde as pessoas até hoje. O fato de a máquina que reproduz fotocópias tornar possível a cópia não significa que isso é lícito. Entretanto, muitas pessoas pensam, erroneamente, que aquilo que a tecnologia permite é lícito. Esse é um raciocínio muito simplista,

---

[4] Vejam-se, por exemplo, em Castells (2013), as transformações advindas da utilização da Internet e a evidência dela como mecanismo de coordenação horizontal das manifestações que pairaram o mundo a partir de 2008.

[5] Sobre a questões de intimidade x extimidade, vejam WENDT, Emerson. Internet: Percepções e Limites em Face do Direito à Extimidade na Rede. *Revista Jurídica Luso Brasileira*, v. 6, p. 297-318, 2015.

[6] Assim dicidiu o STJ, em março de 2017: 1. A divulgação de fotografia em periódico, tanto em sua versão física como digital, para ilustrar matéria acerca de manifestação popular de cunho político-ideológico ocorrida em local público não tem intuito econômico ou comercial, mas tão somente informativo, ainda que se trate de sociedade empresária. Inaplicabilidade da Súmula 403/STJ. 2. Não viola o direito de imagem a veiculação de fotografia de pessoa participando de manifestação pública, inclusive empunhando cartazes, em local público, sendo dispensável a prévia autorização do fotografado, sob pena de inviabilizar o exercício da liberdade de imprensa. 3. Interpretação sistemática e teleológica do disposto no art. 20 do Código Civil (REsp 1449082, RS 2014/0087031-6, Terceira Turma, Ministro Paulo de Tarso Sanseverino, 21/03/2017).

e a cada dia que passa, mais fácil se torna perceber que só pelo fato da tecnologia permitir uma ação, não significa que ela seja lícita. É sobre isso que devemos refletir. Afinal, o fato de as pessoas possuírem um celular que fixa imagens não significa que podem fotografar livremente outras sem autorização e, ainda, publicar tais imagens (sem autorização, o que configura mais um ilícito).

Nos casos envolvendo, por outro lado, serviços de correio eletrônico, o *e-mail*, a confusão pode pairar sobre onde está a originalidade do *e-mail* enviado ou recebido: se no arquivo armazenado no serviço de *e-mail* ou na reprodução do *e-mail* através da impressão. Da mesma forma, pode-se avaliar este assunto com a questão contratual (contrato eletrônico), onde um aceite do negócio pode ser efetivado não por uma assinatura, mas por um "ok" através do *e-mail*, gerando, a partir daí, responsabilidades.[7]

Neste ponto, novamente a questão da liberdade entra em debate. As novas tecnologias, pelo fato de possibilitarem o acesso de um número cada vez maior a um território comum a todos (nem tantos assim, mas isso é discutível em teoria política) também levam as pessoas a pensar automaticamente que aquilo que é possível é consequentemente lícito. Portanto, se é possível escrever qualquer coisa em redes sociais, como no *Facebook, Twitter,* em *blogs, videologs, fotologs* etc., como tantos fazem, é lícito. Mas não é assim!

Se tanto se discute acerca da *liberdade* do ser humano e sua fundamental importância para o pleno desenvolvimento de suas potencialidades criadoras, tudo isso, por outro lado, demandou também a necessidade de se pensar novos institutos jurídicos e de se repensar antigos institutos que pudessem dar respostas aos novos problemas. Afinal, assim como a tecnologia trouxe muitas soluções, trouxe também novos problemas, novas soluções e novos desafios.

Assim surge a questão do Direito e da comunicação, ainda mais generalizada por meio das novas formas de tecnologia e, principalmente, difusão em rede virtual. A partir de questões vinculadas a todas as novas formas criadas, e ainda por serem criadas, a título de ampliação da rede de comunicação entre as pessoas, instituições e governos, o Direito passa a ser pensado a partir de uma nova área, o Direito Cibernético (ou *Cyber Law*), o Direito Informático ou, ainda, o Direito Eletrônico ou Direito Digital.

---

[7] Sobre a validade da prova coletada em âmbito virtual, vejam WENDT, Emerson; BARRETO, Alesandro Gonçalves; CASELLI, Guilherme. *Investigação Digital em Fontes Abertas.* Rio de Janeiro: Brasport, 2017. v. 1. 249p.

1.2. Os debates da contemporaneidade

As perguntas que dirigirão nossos ensinamentos e debates, em aulas ou em conversas de bar, envolvem, pois, as consequências das novas tecnologias de comunicação em massa, levando em consideração o conhecimento leigo dos usuários em assuntos jurídicos, e outras, envolvendo direito autoral (o qual, em função do contexto de "cybercultura" do século XXI, pode estar fadado ao desaparecimento), e ainda sobre o direito de imagem, à privacidade e à intimidade, e direito de propriedade intelectual. Podemos (ou devemos) discutir a questão de que *possibilidade* não pode ser confundida com *liberdade*?

Enfim, com base em várias questões que surgem em decorrência do vínculo entre autor e criação, criador e criatura, e as novas formas de comunicação desenvolvidas pelo ser humano, é importante discutir as legislações e decisões dos tribunais em relação a assuntos muitas vezes pouco abordados, pois são bastante novos em nosso cenário jurídico. Em geral, questões antigas do Direito estarão presentes, como:

> O que podemos preferir? Segurança jurídica ou justiça? Como compatibilizar a segurança de normas rígidas e a justiça de um caso concreto, específico, para o qual a regra jurídica muitas vezes não tem adequação? Aplica-se a lei a qualquer custo, inclusive ao custo da Justiça? Que rumo deve tomar a legislação? Entre as questões práticas que podem levar tais discussões a níveis filosóficos estão os próprios limites e barreiras de inserção e acesso a conteúdos da Internet: devemos impor limites ao conteúdo da Internet? O ciberespaço[8] deve ser tratado como uma "terra de ninguém" e por isso livre? Nos termos da Constituição Federal (CF), devemos dar maior valor ao princípio da liberdade de expressão ou a imagem e dignidade humana?

Podemos acrescentar ao debate algumas questões pontuais, a fim de coordenar a teoria que desenvolvemos com algumas questões práticas, fundamentais, e que merecem destaque para que se compreenda a dimensão do estudo que relaciona o Direito à gestão da tecnologia da informação (TI):

1. Segurança da informação e comércio eletrônico: o controle das empresas sobre o conteúdo de informações dos empregados. Abuso de poder ou exercício de um direito?

---

[8] Sobre os conceitos de *ciberespaço*, *Internet* e *Web*, conferir Canabarro e Borne (2013). Ponderam os autores que "o ciberespaço, por excelência, é formado por diferentes sistemas que podem ser (mas não necessariamente são) conectados ao grande *backbone* formado pelas linhas de comunicação que sustentam o tráfego da Internet. Da mesma forma, esses sistemas podem ser (mas não necessariamente são) acessíveis por aplicações de Internet (dentre elas, a Web). A interconectividade de sistemas distintos e desses com a Internet, assim como a criação de intranets (mais ou menos conectadas à grande Rede) que empreguem os protocolos próprios da Internet, são uma opção técnica, que pode ser implementada de maneiras diversas."

2. *Software* livre: uma realidade em expansão ou em implosão? A quem interessa o *software* livre?
3. Marcas e nomes de domínio: as hipóteses jurídicas e os cuidados nos desenvolvimentos dos sinais distintivos.
4. Obras protegidas pelo direito autoral e sua disseminação na Internet: o que é mais adequado, garantir o direito ao autor, nos termos da legislação autoral, ou possibilitar o acesso livre dos usuários, em função da nova realidade paradigmática trazida pela era tecnológica?
5. O uso da tecnologia da informação na prática de delitos: por que razão e quais os riscos de praticar crimes a que estão sujeitos os profissionais que desenvolvem a TI?
6. Legislação penal relativa à Internet: a Lei Carolina Dieckmann (Lei 12.737/12) é efetiva ou é apenas mais uma lei penal simbólica?
7. Marco Civil da Internet: quais os aspectos que envolvem governança e regulação da Internet e qual a amplitude desta na proteção e garantia dos direitos dos usuários dela no Brasil? Quais os aspectos de responsabilidade dos provedores de conteúdo e de acesso à Internet?

1.3. Breves apontamentos sobre as fontes legislativas

Na seara da gestão tecnológica, a segurança jurídica é buscada a partir da análise de vários institutos legais. As alterações legislativas têm seu vagar próprio para ocorrer, em face da burocracia e técnica legislativa que exigem formas para a promulgação de leis.[9]

Em várias ocasiões, o poder público já mostrou grande interesse em estabelecer um diálogo com o público sobre as futuras leis, em especial as que dizem respeito à tecnologia. Nesse sentido, tivemos a consulta pública sobre o Marco Civil da Internet,[10] assim como a consulta pública sobre a nova Lei de Direitos de Autor.[11]

---

[9] A Constituição Federal brasileira estabelece o ritual para a aprovação de uma nova norma no Brasil.

[10] "Dentre os temas a serem abordados na discussão do Marco Civil, incluem-se regras de responsabilidade civil de provedores e usuários sobre o conteúdo postado na Internet e medidas para preservar e regulamentar direitos fundamentais do internauta, como a liberdade de expressão e a privacidade. Também poderão ser abordados princípios e diretrizes que visem a garantir algumas das premissas de funcionamento e operacionalidade da rede, como a neutralidade da Internet. A discussão não abrangerá de forma aprofundada temas que vêm sendo discutidos em outros foros e/ou que extrapolam a questão da Internet, como direitos autorais, crimes virtuais,

Mas por que a importância de um "Marco Civil"? Na realidade, a incerteza jurídica é o grande problema. Assim como existem direitos fundamentais, como direito de imagem, direito de autor, direito a privacidade, honra, intimidade, também existe direito à liberdade de expressão, de acesso à cultura e educação, ou seja, a informações e conhecimentos. Como compatibilizar interesses que podem eventualmente estar em conflito, por exemplo, direito de autor e direito de acesso à cultura, ou o direito à privacidade e o direito à informação? É necessário criar condições legais de uso da Internet, para que empresas possam prestar serviços e investir com segurança, pois se não há legislação que trate do assunto, a insegurança inibe os investimentos em novos empreendimentos e inovação.

O projeto para criação de um Marco Civil da Internet no Brasil foi uma iniciativa da Secretaria de Assuntos Legislativos do Ministério da Justiça (SAL/MJ), em parceria com a Escola de Direito do Rio de Janeiro da Fundação Getúlio Vargas (DIREITO RIO). O lançamento foi em 29 de outubro de 2009 e teve por escopo a criação de um ambiente digital, visando a evitar a tendência de se estabelecer restrições e proibições no uso da Internet. Para isso, precisa determinar os direitos e deveres que se estabelecem no uso dos meios digitais e Internet. O seu escopo inicial era estabelecer uma legislação que garantisse direitos sem restrições à liberdade. Entretanto, as críticas ao projeto na sua versão final foram imensas, com acusações de que o marco serviu exatamente para o contrário do que se propunha.

A iniciativa, entretanto, foi muito bem-vinda, pois foi escolhido um formato que, tomando o próprio meio digital como instrumento, possibilita amplo debate democrático sobre a futura lei que os cidadãos podem desejar para si. Seu formato foi construído para estimular a participação de todos, integrando as opiniões no projeto. Tornou-se uma consulta aberta, saudável para o processo de democratização contínua do Brasil, assim como um exemplo de ferramenta que pode ser aplicado no futuro para criação de outras legislações. O resultado, conforme sanção presidencial, foi a Lei 12.964/14, de 23 de abril de 2014. Algumas questões polêmicas, como a identidade de quem acessa ou seu anonimato,[12] bloqueavam o andamento da aprovação do projeto, que ficou em debate durante três anos no Congresso Nacional. As questões polêmicas na realidade envolviam tanto a responsabilidade dos provedores sobre o conteúdo exposto, como a neutralidade da

---

comunicação eletrônica de massa e regulamentação de telecomunicações, dentre outros." Disponível em <http://culturadigital.br/marcocivil/debate/>.

[11] Vide o contexto da consulta pública em <http://www2.cultura.gov.br/consultadireitoautoral/>.

[12] Sydow (2013) usa o termo *anonimidade* em vez de *anonimato*.

rede (aí envolvendo também os limites à investigação criminal em face da proteção à intimidade e privacidade). Essa temática, juntamente com outras de legislações que já estão em vigor no país, serão tema dos capítulos seguintes.

Ainda sobre o Marco Civil da Internet, visando a estabelecer seu histórico e compreensão, em agosto de 2011, o Governo Federal encaminhou o PL 2126/2011, resultado da consulta pública no *site* do Ministério da Justiça (Cultura Digital), para o Congresso Nacional. Veja-se, por exemplo, a importância que o projeto assume no futuro de todos:

> Muitas pessoas não percebem que o provedor de acesso tem um poder brutal de determinar por quais rios o usuário vai navegar. Imagine por exemplo que o seu provedor torne a velocidade na qual você navega no *facebook* muito mais lenta do que a velocidade na qual você navega no *orkut*. Imagine que você possa criar pacotes de internet que dão acesso a apenas alguns sites, cobrando mais para quem utiliza o resto da internet. Estaria se transformando a internet em algo parecido com a TV a cabo. Este espaço democrático que a internet se tornou estaria fadado ao fracasso. As pessoas não mais escolheriam livremente seus passeios pela rede, mas estes seriam determinados pelas empresas que disponibilizam o acesso à internet. Por isso que é tão fundamental um princípio previsto no texto do PL 2126/11 que é o princípio da neutralidade. Por este princípio não pode haver distinção de velocidade por conteúdos ou sites acessados.[13]

A consulta pública também foi adotada para a futura Lei de Direitos Autorais. Infelizmente, com a mudança de governo em 2010, a consulta pública foi alterada, e não houve mais a transparência inicial que existia. Antes, os participantes enviavam seus comentários e todos tinham condições de acompanhar a opinião, divergir, concordar e enviar novas opiniões. Depois, a exigência foi de envio de um documento em formato específico, que não permite o acesso de todos no debate. Esvaziou-se, na realidade, toda intenção de democratização do debate público em torno da futura lei de direitos autorais. A consulta foi encerrada em 31 de agosto de 2010.[14] O que há em debate no Congresso Nacional é o PL 6117/2009,[15] o qual adensou vários projetos sobre o tema. A atual Lei de Direitos Autorais vigente é a Lei 9.610/98, que deverá sofrer, portanto, para breve, uma alteração.

---

[13] ABRAMOVAY, Pedro. PL 2126/11 – *Do AI-5 digital à internet cidadã*. Disponível em: <http://www.observadorpolitico.org.br/2011/09/pl-212611-do-ai-5-digital-a-internet-cidada/>. Acesso em: 20 de Set. de 2011.

[14] Para acessar o debate, basta seguir o *link* <http://www2.cultura.gov.br/consultadireitoautoral/consulta/>. O texto consolidado, após a discussão, pode ser acessado neste endereço: http://www2.cultura.gov.br/consultadireitoautoral/lei-961098-consolidada/>.

[15] Consulta disponível no site da Câmara dos Deputados em <http://www.camara.gov.br/proposicoesWeb/fichadetramitacao?idProposicao=452911&ord=1> (último acesso em 9 out. 2017).

Outras legislações também fazem parte da análise de tópicos que dizem respeito direto ao tema da Gestão Tecnológica:

a) Constituição Federal: princípios fundamentais, vinculados à liberdade de informação, de expressão, ao direito de imagem, ao direito de autor etc., relacionados nos artigos 5º e 170. Também, o artigo 62, que levou à criação da Medida Provisória 2.200, de junho de 2001. O problema do princípio da legalidade, para a questão da criminalidade e novas espécies de delitos (art. 1º do CP, art. 5º, II e XXXIX, da CF). Depois, veio a legislação específica;

b) Código Civil: vários artigos foram incluídos com a finalidade de regulamentar a matéria até então não submetida a normatização, com uma certa preocupação com relação aos possíveis danos a serem causados aos indivíduos pelo uso indiscriminado das novas tecnologias. Vejam-se os artigos 20 e 21 (direitos da personalidade), 107 (validade do negócio jurídico), 219 (presunção das declarações assinadas), 927 (obrigação de reparar o dano por ato ilícito), 932 (responsáveis pela reparação civil, dentre os quais os pais e os empregadores), 1.011 (cuidados e diligências na administração do negócio) e, finalmente, 1.016 (responsabilidade solidária dos administradores). Em suma, avaliação quanto à responsabilização da empresa por atos de funcionários que acessam a Internet que ela, empresa, disponibilizou, cometendo delitos e/ou causando danos a terceiros;

c) Código de Defesa do Consumidor: arts. 6º (direitos do consumidor), 7º (responsabilidade, inclusive solidária), e 12 a 14 (Responsabilidade pelo Fato do Produto e do Serviço);

d) Lei 9.296, de 25 de julho de 1996 (interceptação telefônica e telemática): alargando o conceito de comunicações;

e) Lei 9.472, de 16 de julho de 1997 (Lei Geral de Telecomunicações), estabelecendo a Internet como serviço de valor adicionado (agregado) à telefonia;

f) Lei 9.507, de 12 de novembro de 1997: estabelecendo o *habeas data*, acesso à informação;

g) Lei 9.609, de 19 de fevereiro 1998: dispondo sobre a proteção do *software* e a forma de exploração dos direitos relativos a ele;

h) Lei 9.610, de 19 de fevereiro 1998: dispondo sobre o direito de autor e conexos;

i) Decreto 3.505, de 13 de junho de 2000, instituindo a Política de Segurança de Informação nos órgãos da Administração Pública Federal;[16]

j) Medida Provisória 2.200, de 24 de agosto de 2001, estabelecendo no âmbito privado o uso de sistema de segurança baseado em criptografia assimétrica, instituído pela ICP – Brasil (Infraestrutura de Chaves Públicas do Brasil);

k) Decreto 7.962, de 15 de março de 2013: determina uma série de medidas que devem ser cumpridas por empresas que vendem produtos ou serviços pela Internet com o objetivo de proteger o consumidor de fraudes;

l) Projeto de Lei 4.906, de 2001, cuidando da assinatura digital e certificação eletrônica, tratando de forma mais abrangente as relações e responsabilidades envolvendo comércio eletrônico;[17]

m) Código Penal, artigos 153 e 154 (crimes contra a inviolabilidade dos segredos) e os seguintes, sobre crimes de propriedade intelectual;

n) Lei 12.737, de 30 de novembro de 2012: denominada socialmente de "Lei Carolina Dieckmann", inseriu artigos no Código Penal, referente à invasão de dispositivo informático e outros temas (art. 154-A e parágrafos);

o) Lei 12.853, de 14 de agosto de 2013: modificou a Lei 9.610/98 e definiu as condições de cobrança, arrecadação e distribuição dos direitos autorais sobre obras musicais.

---

[16] Referido Decreto foi alterado por redação do Decreto 8.097/2013.

[17] PL ainda em andamento. Acompanhamento atual em http://www.camara.gov.br/proposicoesWeb/fichadetramitacao?idProposicao=29955 (último acesso em 9 out. 2017).

2. Ética, direito e tecnologia

Resumo:
Neste capítulo será aprofundada a análise da ordem jurídico-legal, apresentando as diferenças entre diversas ordens normativas que orientam nosso agir, como a ordem técnica, a ordem jurídica e a ordem ética. É fundamental compreender as características e funções de cada uma delas em nossa vida, bem como os limites que são impostos a cada uma delas por ordens normativas distintas.

2.1. As ordens da ética, do direito e da tecnologia

Através da democratização do acesso a bens culturais, como música, artes visuais e informações sobre economia, política e ciência, entre outras, é possível falar em um grande avanço na concretização dos ideais iluministas dos enciclopedistas franceses, que defendiam a socialização massiva do conhecimento. Porém, apesar do incremento na utilização da Internet, no Brasil "podemos verificar que tal tecnologia ainda configura-se apenas como uma possibilidade na democratização das relações entre o Estado e os cidadãos".[18] Nesse sentido, como assevera Capellari (1995), a proposta de uma democracia participativa, como recurso diante da crise da tradicional democracia representativa, poderia ser efetivada através dos mecanismos eletrônicos de consulta direta à população, através das formas como plebiscito ou *referendum*.

De fato, se um dos grandes obstáculos à concretização dos ideais democráticos é a existência de um poder invisível, de grupos organi-

---

[18] BONAVIDES, Paulo. *Um novo conceito de democracia direta.* In: Teoria do Estado. São Paulo: Malheiros, 1995, p. 352, *apud* CAPELLARI, Eduardo. *Tecnologias de informação e possibilidades do século XXI: por uma nova relação do Estado com a cidadania.* In: ROVER, José Aires (org.). *Direito, sociedade e informática: limites e perspectivas da vida digital.* Florianópolis: Fundação Boiteux, 2000. Coleção Boiteux, p. 39-40.

zados que buscam fazer valer seus interesses particulares sem o devido debate de suas pretensões na esfera pública (e Capellari lembra com muita propriedade a obra de Norberto Bobbio, *O futuro da democracia*, Editora Paz e Terra, 1992), a Internet é uma resposta possível a tais problemas, pois pode publicar radicalmente as relações entre Estado e as pretensões de grupos particulares, servindo de suporte material para o exercício dos institutos previstos no artigo 14, I, II e III, da Constituição Federal de 1988, ou seja, para o controle e fiscalização da administração pública através da divulgação de dados e informações sobre receitas e despesas públicas.[19]

Isso significa que enquanto alguns direitos representam conquistas políticas importantes do cidadão, como o direito à intimidade, à privacidade, à livre associação e à expressão, a esfera ilimitada da ação técnica propicia, por sua vez, uma ameaça a tais exercícios. O direito à privacidade é uma garantia constitucional dos brasileiros, assim como o próprio direito à livre expressão do pensamento. Ambos vieram protegidos na edição do Marco Civil da Internet (art. 3º, incs. I e II, da Lei 12.965/14).

Antes do avanço tão acelerado da informática, ou seja, antes do que hoje é conhecido como "paradigma tecnológico", "Era Digital", "Era da civilização tecnológica", "Era do Acesso", da "sociedade da informação" (talvez o melhor fosse "comunicação"), da "Era das Redes" (Castells, 2013), o ser humano lutava por sua liberdade. Ele lutava, mas nem sempre tinha condições de exercer a própria liberdade a que tinha direito. No Ocidente, em especial após os ideais de conquista iluminista, ele poderia expressar livremente suas opiniões, mas não era ouvido como pode ser hoje. O ponto que vincula todo esse assunto com o Direito e a tecnologia está na afirmação de alguns direitos que representam conquistas políticas importantes do cidadão, como o direito à intimidade, à privacidade, à livre associação e o direito à expressão. Entende-se que tais direitos, conquistados com muita luta, estariam ameaçados pelo próprio avanço tecnológico, principalmente a privacidade e a intimidade. A comunicação prolifera dados e informações e torna vulnerá-

---

[19] Para o autor, a Internet tem potencializado uma real difusão de informações acerca da administração pública e dos assuntos de Estado, "e, se tal fato não tem tido a abrangência devida, deve-se antes à cultura oligárquica, patrimonialista a antidemocrática que caracteriza as nossas esferas de governo, do que propriamente pela falta de interesse dos cidadãos; e por outro, tem se constituído, em nossa opinião, na própria estrutura material que possibilitaria a participação direta dos cidadãos nas decisões – problema já ressaltado por Jean-Jacques Rousseau em 1762 – através da utilização dos terminais de computadores disponíveis em escolas, universidades, empresas e repartições públicas" (CAPELLARI, Eduardo. Tecnologias de informação e possibilidades do século XXI: por uma nova relação do Estado com a cidadania. In: ROVER, José Aires. (org.). *Direito, sociedade e informática: limites e perspectivas da vida digital*. Florianópolis: Fundação Boiteux, 2000. Coleção Boiteux, p. 39-42).

veis dados pessoais, especialmente voltados à intimidade, privacidade e segredo das pessoas. O risco se incrementa com a "rede das redes", porém é e deve ser avaliado conforme as recompensas advindas do uso da Internet. Contingencia-se esse risco com mecanismos de proteção de dados, gestados por governança ou por governos.

2.2. A questão ética

A situação atual impõe uma ética diferente, como diz Oliveira (2001), distinta das éticas tradicionais, bem como das morais historicamente hegemônicas, porque estão vinculadas às relações privadas ou comunidades políticas nacionais, e, por isso, são incapazes de pensar os problemas surgidos da interdependência das nações "no contexto de uma mesma civilização tecnológica, de uma civilização planetária". Está em jogo a corresponsabilidade planetária, que "seja capaz de produzir uma consciência cosmopolita de solidariedade e de recuperar a primazia do político no contexto de um mundo globalizado e ameaçado por um colapso ecológico e social".[20]

O que pode significar "recuperar a primazia do político" nesse contexto? Importa esclarecer, então, o que significa o ser político, o que é a política, ou, ao menos, definir o que pretendemos dizer quando nos referimos à Política. Uma pequena reflexão acerca da formação da ética tradicional é conveniente. Remontar, assim, à antiguidade, para mais tarde ingressar nas éticas contemporâneas, ajuda muito.

Rapidamente propomos refletir sobre o desenrolar do pensar ético, apenas para contextualizar a questão. Diferentemente de Platão, Aristóteles fez ingressar no campo da ciência as substâncias materiais do mundo sensível e, com isso, iniciou a sistematização do conhecimento através da fundação de várias ciências, ordenando tudo o que existia sob princípios unitários – tal sistematização levará ao que atualmente chamamos de "Ciência".[21] Isso é possível através de sua classificação do conhecimento, ou da Filosofia[22] em "ciência

---

[20] Fica estabelecida uma relação interpessoal com base na cooperação, não no domínio e na violência, de modo que a política é o *esforço de efetivar a razão comunicativa na esfera da solução dos problemas coletivos*. Seu sentido é o de instaurar uma comunidade baseada na razão, entendida discursivamente, com rejeição do arbítrio: "todo poder e toda norma devem ser sustentados pelo consenso livre dos cidadãos" (OLIVEIRA, Manfredo Araújo de. *Desafios éticos da globalização*. Paulinas: São Paulo, 2001. p. 176, 190-191).

[21] WELLS, Herbert George. *A short history of the world*. London: Penguin Books, 1991. p. 93.

[22] O conhecer científico exige saber com certeza como é e porque é uma coisa, o que leva às suas causas necessárias, e não prováveis, procedendo às premissas verdadeiras imediatas, anteriores, causa das conclusões: "En efecto, el que opina, comparado con el que sabe científicamente, no se halla saludablemente dispuesto en orden a la verdad" (ARISTÓTELES. Metafísica. Cit., IV, 4-30, p. 187).

teorética" (*episteme*, ou especulativa, englobando a Física, a Matemática e a Metafísica), como "ciência poiética" (ou *poiesis*, seu objetivo é criar, produzir um objeto, é a "técnica") e "ciência prática" (ou *phronesis*, o saber é orientado para o aperfeiçoamento moral).

Assim, a Ética foi fundada por Aristóteles como disciplina autônoma frente à Metafísica, devido à influência da ideia de "bem" do intelectualismo socrático-platônico. Com Aristóteles, o saber ético do homem passa a ser a *orexis* – o esforço e sua elaboração até uma atitude firme (*hexis*), de modo que o conceito de ética já traz a relação da *arete*, da educação das virtudes, no exercício do *ethos*, na vida da cidade. A moralidade se distingue da natureza porque nela não atuam somente capacidades ou forças, "mas porque o homem só se converte em homem através do que faz e como se comporta".[23] Essa ciência pressupõe a capacidade tanto de conhecer como de agir, e o bem é específico da natureza humana – e esta só pode ser conhecida na medida que se atualiza na *pólis*, assim, "o fundamento da ciência prática é a própria vida política do homem, e porque tem a ver com o fim supremo do homem, é a mais nobre de todas as ciências".[24]

Enfim, recuperar a primazia do político significa recuperar a ética nessa noção, com a preocupação da construção de uma ação prática na cidade, incluindo, agora, num novo local, conhecido como ciberespaço. Para poder, entretanto, definir o que pode constituir ou não uma ação ética, é necessário o conhecimento, segundo Aristóteles, contemplativo, ou teórico, porque através dele é que o ser poderá colocar-se as questões adequadas acerca de sua existência e sua relação com os demais. É assim que poderá educar seus desejos, suas vontades e estabelecer uma ação equilibrada diante das sempre novas possibilidades técnicas que imprimem novos desejos ao ser.

O que é motivo de grande preocupação, no momento, é justamente a impossibilidade que muitas vezes surge de descoberta ou percepção dos próprios desejos, uma vez que algoritmos que tomam por base dados de acesso podem levar, podem conduzir desejos e criar desejos que a princípio não existem. Um dos maiores desafios dessa cibercivilização, ou num plano muito maior, a cibercultura, é conseguir manter íntegros e conscientes a livre-vontade, para que se manifeste no ser humano, considerando que a cada dia logado ele parece sujeitar-se de modo bastante frágil às condicionantes sugestivas do

---

[23] GADAMER, Hans-Georg. *Verdad y método*, V. I, cit., p. 383 e 647. Sobre os desenvolvimentos dos parágrafos nesse tópico, ver em KRETSCHMANN, Ângela. *História crítica do sistema jurídico: da prudência antiga à ciência moderna*. Rio de Janeiro: Renovar, 2006.

[24] Cfe. OLIVEIRA, Manfredo Araújo de. *Ética e sociabilidade*, cit., p. 56 e 57, 63 e 71.

mundo digital,[25] muitas vezes inclusive subliminares das redes sociais.

2.3. A questão dos limites das ordens técnica e jurídica

É fundamental que se faça a distinção entre os limites que a ética impõe e os limites técnicos. Enquanto a técnica não se preocupa com o estabelecimento de limites, e nem deveria, a ação ética deve refletir sobre os usos da técnica. No mesmo sentido, várias outras questões fogem do alcance da questão moral e ética, como o capital, por exemplo. Não é o capital que é moral ou imoral, assim como a técnica e os inventos não são morais ou imorais. É o uso que se faz de tudo isso, o "como se usa" que é moral ou imoral. Com tudo isso, a existência de uma moral numa sociedade do capital e do hiperliberalismo só pode vir de outra esfera, que não será da economia, nem da técnica, pois como diz Comte-Sponville, "não contem com o mercado para ser moral no lugar de vocês!".[26]

Da mesma forma, é possível, portanto, concluir que não se pode contar com a tecnologia para ser moral no nosso lugar. O importante, então, é discutir profundamente os temas e os limites que a ética pode e deve impor às esferas que por si só não podem estabelecer limites. A técnica não possui limites, e é da sua própria natureza o ansiar por superar os seus limites, assim também o capital, a sociedade é que deve discuti-los e estabelecer seus limites, através da esfera, plano ou como se costuma dizer, "ordem jurídica".

Nesse sentido, são muito importantes as ideias de Comte-Sponville, esclarecendo quatro distintas ordens que orientam nosso agir (outras podem ser arroladas, mas estas quatro esclarecem bem as diferentes "ordens" com as quais nos relacionamos): a ordem tecnocientífica, a ordem jurídico-política, a ordem moral e a ordem ética.

A primeira – ordem tecnocientífica – se refere àquilo que é "tecnicamente possível" e diz "como fazer", mas não se "devemos fazer". A ordem científica não tem limites, por princípio. O limite de hoje será superado por um novo desenvolvimento tecnológico amanhã. Diz respeito, portanto, às coisas possíveis de se realizar e impossíveis (que

---

[25] O Google compreende que quem quer que controle os serviços de busca, compartilhamento de vídeos e serviços baseados em localização controlará a Internet. A busca é o índice; o vídeo é a linguagem universal. E a localização é o contexto. E o Google já domina todos os três. (CLELAND, Scott. *Busque e destrua: por que você não pode confiar no Google Inc*. Tradução Fernando Effori de Melo. São Paulo: Matrix, 2012, p. 18).

[26] Uma excelente análise apresentada por COMTE-SPONVILLE, André. *O capitalismo é moral?* São Paulo: Martins Fontes, 2005. Trad. Eduardo Brandão, 223p.

podem bem ser temporariamente impossíveis). Os desenvolvimentos científicos podem se voltar contra a humanidade, de modo que um desenvolvimento tecnológico, assim como uma invenção, por exemplo, não é má ou boa por si mesma, dependendo antes do uso que se faz dela.

Assim também podemos vislumbrar os limites dentro de um contexto de aplicações na web: o Wireshark, um aplicativo, programa que analisa o tráfego de rede, e o organiza por protocolos e, com ele, é possível controlar o tráfego de uma rede e saber tudo o que *entra* e *sai* do computador, em diferentes protocolos ou, também, da rede à qual o computador está ligado. Então, ele pode ser utilizado como uma espécie de auditoria nos sistemas, mas também pode ser utilizado para realizar interceptação ilegal de conteúdo na rede.[27]

Pode-se dizer, portanto, que não há uma técnica ou tecnologia moral ou imoral: o que pode ser imoral ou moral é o uso que se faz dela. Por isso, Compte-Sponville (2005) mostra que é necessário impor limites a essa ordem, limites que vêm de fora dela, uma vez que ela mesma não conhece limites. Enfim, nem tudo o que a técnica nos possibilita fazer deve ser autorizado, pois isso pode representar a destruição da sociedade.

A ordem técnico-científica, portanto, precisa do limite da legislação. Mas a legalidade e a ilegalidade são conceitos jurídicos, determinados por forças políticas, ou seja, numa democracia, são determinados pelo papel representado pelos parlamentares. A ordem legal, portanto, também apresenta problemas, pois mesmo com as leis, em uma democracia, o povo soberano pode adotar leis que podem se revelar cruéis; um ótimo exemplo disso seria o massacre promovido pelo nazismo.[28] Isso significa que seguir leis nem sempre significa agir de modo correto ou ético, sendo necessária uma nova ordem para limitar a ordem jurídico-política.

A ordem jurídico-política, portanto, diz respeito à democracia, às leis de um Estado. Aqui pode surgir o chamado "canalha legalista", que segue estritamente a lei, a qual, porém, pode não ser ética. Deve existir uma crítica à lei e um limite à lei, pois a lei nem sempre é justa e nem sempre é ética. Assim, alguém que respeite as leis nem

---

[27] Sobre os aspectos do uso ilegal do Wireshark, ver WENDT, Emerson; JORGE, Higor Vinícius Nogueira. *Crimes Cibernéticos*. Ameaças e Procedimentos de Investigação. 2. ed. Rio de Janeiro: Ed. Brasport, 2013.

[28] No nacional-socialismo nazista os *standards* legais (conceitos e referenciais normativos abertos) foram interpretados pelos dirigentes do Estado a seu favor, restringindo direitos e garantias e, inclusive, infligindo a pena de morte aos "traidores" da causa nazista. Sobre o tema, ver RODRIGUEZ, José Rodrigo. FRANZ NEUMANN. O direito liberal para além de si mesmo. In: NOBRE, Marcos (org.). *Curso Livre de Teoria Crítica*. 2008, p. 97-116.

sempre é honesto, podendo ser mesmo mentiroso e cruel. Devemos ter em mente esse significado da lei, produzida por seres humanos, nem sempre atrelada a princípios de justiça, antes, pelo contrário, muitas vezes vinculada a interesses privados e, hoje em dia, a interesses de grandes corporações.

Nessa mesma linha de raciocínio, deve-se observar que, se o povo possui todos os direitos, tem também os direitos de massacrar uma minoria. O povo, portanto, não pode ter "todos os direitos", pois isso é perigoso. Com esse poder, atos bárbaros podem ser executados, e sob a chancela legal.[29]

Tanto quanto a ordem tecnocientífica, a ordem jurídico-política não é capaz de limitar a si mesma, para que não aconteça de legalizarmos atos bárbaros, a própria lei precisa de limites. Esses limites só podem vir de outra ordem, da ordem moral, segundo Comte-Sponville, ou da ordem ética, segundo outros autores.

A ordem moral diz respeito àquilo que se impõe incondicionalmente, para uma consciência. É um conjunto de normas que criamos com o objetivo de controlar nosso comportamento e tem vínculo com as ideias de certo e errado. A moral, diferentemente das duas primeiras ordens, não precisa ser limitada, apenas completada pela quarta ordem, que é a ética ou ordem do amor, para a concepção de Comte-Sponville. A ordem moral é considerada, portanto, limitadora das ordens anteriores, vinculada à noção de verdade, que não manda nem obedece, apenas é a verdade. Também é vista como a oposição entre o bem e o mal e entre o dever e a proibição. É uma ordem que tem base no conjunto de nossos deveres, que são as obrigações ou oposições que impomos a nós mesmos. Ela não precisa ser limitada, mas completada, e o que a complementa é a ordem ética. A ordem ética é, para Comte-Sponville, a oposição entre a alegria e a tristeza. Estrutura-se no próprio desejo e evoca os três amores: o amor à verdade, à liberdade e ao próximo.

É importante destacar, portanto, que existem várias formas de concepção ética, como dito no início do texto, e, para Comte-Sponville, a ordem ética é a que pode orientar as demais, referindo-se àquilo que se faz por amor, o qual não deve ser limitado.

---

[29] Segundo Raffaele de Giorgi, a seletividade exercitada para escolher quais condutas a regrar pode produzir efeitos desejados, "mas dela podem derivar efeitos não desejados" e, além disso, essa própria escolha, feita socialmente e que repercute na esfera política, também é uma violência, embora tolerável e legítima, pois "não deixa alternativas à ação adequada", desejável social e politicamente e, por que não, moralmente. (DE GIORGI, Raffaele. *Direito, Democracia e Risco. Vínculos com o futuro*. Porto Alegre: SAFE, 1998. p. 165-183)

Tradicionalmente, "ética" procede do grego *ethos* e refere-se aos costumes, conduta da vida, regras de comportamento. A "moral" procede do latim *mos, moris*, e significa a mesma coisa. Entretanto, em geral, as normas morais são colocadas como uma espécie das normas éticas, entendendo-se que a palavra *moral* pode ser empregada em duas acepções distintas:[30]

a) no sentido amplo – abrangendo todas as ciências normativas do agir humano, a ética seria reservada para este plano;

b) no sentido estrito – disciplina dos atos humanos fundada na consciência, ou conjunto de normas inspiradas por valores de um certo grupo, os quais tendem a formar o homem e elevá-lo à perfeição.

As relações entre Moral e Direito, de certa forma, não são simples de ser analisadas. Muitas teorias foram inventadas para demonstrar pontos distintivos entre o que pertence ao campo da Moral e o que pertence ao campo do Direito. De outro lado, quanto mais se tentava colocar em relevo suas distinções, diz Miguel Reale,[31] mais se tornavam manifestas as semelhanças, impondo-se a análise destas, ligando Moral e Direito *nas raízes mesmas do espírito*. Tanto o Direito quanto a Moral são notas distintivas da experiência ética, pois é através da apreciação compreensiva, fundada no processo histórico concreto, que poderemos chegar a um esclarecimento.

Em princípio, segundo Miguel Reale, o Direito não tem por fim um valor específico que determine por si mesmo a ação humana, sem implicar a vigência consequente de outros valores. Assim, por exemplo, a Moral tem por razão a plenitude do ser pessoal, enquanto na estética o artista vive em razão da beleza. O Direito tem por fim realizar a Justiça, não *em si* e *por si*, mas como condição de realização de outros valores – ficando excluída assim também qualquer concepção formal de Justiça, afinal o *jurídico* é uma experiência feliz ou não de justiça.[32]

---

[30] Cfe. BETIOLI, *Introdução ao estudo do direito*. p. 48.
[31] REALE, Miguel. *Filosofia do direito*, p. 711.
[32] Idem, p. 713.

3. O mundo jurídico

Resumo:

Neste capítulo será abordada a historicidade do Direito ao lado da necessária atualização do sistema jurídico em decorrência da evolução tecnológica. Um apanhado histórico visará a demonstrar o quanto o Direito é histórico, assim como é histórica a sociabilidade humana e o próprio ser humano. Assim, ao final, aborda-se a influência entre os sistemas que compõem a sociedade, principalmente a Internet e sua relação com o Direito.

3.1. O mundo jurídico: sistema jurídico e a tecnologia da informação

Tradicionalmente, o Direito, dizem alguns, tem a mesma idade do ser humano, de modo que onde existia o ser humano em convivência em sociedade, ali já deveria existir o Direito (*Ubi societas, ibi ius*). Entretanto, essa questão é bastante polêmica, e o desentendimento acerca do surgimento do Direito, historicamente, já levou a várias concepções distintas sobre sua relação com o ser humano e com a sociedade.[33] O que cabe destacar aqui é que, desde que surgiu, o Direito tem-se adaptado às necessidades sociais, ou seja, está em geral a reboque, tentando disciplinar assuntos que são trazidos pela sociedade em geral. O Direito não costuma se antecipar, mas regular a partir das necessidades humanas, as novas situações.

Deve-se recordar que, no Brasil, herdamos uma tradição romano-canônica, e depois, em função dos desenvolvimentos científicos e da "ciência moderna", também importamos o próprio ímpeto para a codificação geral do Direito. Isso levou muitos juristas a desejarem

---

[33] Ver em especial: CAPELLA, Juan Ramón. *Fruto proibido – uma aproximação histórico-teórica ao estudo do direito e do estado*. Trad. de Gresiela Nunes da Rosa e Lédio Rosa de Andrade. Porto Alegre: Livraria do Advogado, 2002.

a sistematização do Direito em um corpo fechado de normas, com vistas a alcançar e fornecer a máxima segurança possível de um ordenamento jurídico, o que acabou resultando – como sempre, pecando pelo excesso – em um enclausuramento do Direito em função, inclusive, dos efeitos do positivismo jurídico, então em voga. É, em resumo, o dogma da completude do ordenamento jurídico, que depois de tantas críticas, virou um mito – ou melhor, esclareceu-se como mito. É a concepção moderna de sociedade, no dizer de Zygmunt Bauman, contemplativa dos "legisladores", diferente da (concepção) pós-moderna ou líquida, na qual seus integrantes se tornam intérpretes (das mudanças, da evolução, dos anseios sociais etc.).[34]

Isso é destacado aqui para que se compreendam inclusive as dificuldades sentidas pelos juristas para adequarem-se a novas situações e, principalmente, para repensar institutos jurídicos ou mesmo criar novos e novas áreas do Direito. Por muito tempo se teve a convicção de que o Direito poderia ser completamente previsível em um corpo de leis, e tamanha ordenação iria gerar a paz social. Ocorre que não se pensou então que a natureza humana é potencialmente criadora, e, nesse sentido, criadora inclusive de novas formas de cometimento de crimes, que muitas vezes fogem da previsão legal. Além disso, não se pensou na capacidade humana para criar novas formas de expressão criativas, que podem estar amparadas por lei.[35]

Tudo isso é necessário para que se compreenda que os efeitos dos desenvolvimentos da tecnologia, principalmente aqueles envolvendo a informática, são tratados com uma lentidão que talvez não ocorresse se não tivéssemos o passado do ímpeto codificador, e, sobretudo, tradição metodológica herdada pelas ciências da natureza de visar a uma cientificidade para o Direito que acabou tolhendo-o em suas possibilidades de tratar de maneira adequada questões que mereceriam um olhar mais flexível.

Com isso, desenvolveu-se a ideia de plenitude do ordenamento jurídico, como se fosse possível encaixar e fechar todo o Direito em um corpo codificado, um Código de Leis, codificando o Direito e inserindo-o em uma ordem de leis completa, como se legislação pudesse ser capaz de resolver todos os problemas trazidos até ela.

Cabe, claro, lembrar a diferença entre Lei e Direito, porque apesar de a lei ser específica, muitas vezes, prevê princípios gerais, e ao

---

[34] BAUMAN, Zygmunt. *Legisladores e Intérpretes*. Sobre modernidade, pós-modernidade e intelectuais. Rio de Janeiro: Zahar, 2010.

[35] Aqui, em especial a aproximação teórica de Castor Ruiz, com a definição do "sem fundo" humano (RUIZ , Castor M. M. Bartolomé. *As encruzilhadas do humanismo: a subjetividade e a alteridade ante os dilemas do poder ético*. Vozes: Petrópolis, 2006).

contrário da Lei, o Direito é mais amplo e pode ter em si soluções ao jurista, que lançará mão inclusive de doutrina, jurisprudência e mesmo costumes. Agora, como falar em costumes em relação ao ciberespaço? Como falar em ações éticas quando elas estão tão frágeis e completamente sem direção moral, uma vez que nada existe na experiência humana que pudesse nortear de forma clara as decisões nesse campo? É necessária a reflexão para que se possa concluir acerca de que é uma ação ética e o que não é, o que pode ser considerado um abuso de direito e o que pode ser considerado um direito quando usamos as novas tecnologias vinculadas à informação.

No caso da informática, a história é mais recente, mas o desenvolvimento hiperacelerado dos temas acabou levando – até agora, pelo menos – não tanto ao surgimento de inúmeras legislações, mas à abertura de verdadeiras lacunas na ordem jurídica existente, e didaticamente tentaremos discorrer acerca delas, no plano geral da nossa ordem jurídica, para uma visão geral dos temas.

O que mais chama atenção, nessa área, é a constante necessidade de nova adequação legal e, ainda mais do que isso, a necessidade que os juristas têm de estudar um novo campo, com uma linguagem bastante específica, para poder compreender onde situar as matérias e os objetos de proteção que devem ser submetidos ao Direito.

Isso é constante em informática e na sua relação com o Direito. Tome-se como exemplo a questão de *softwares* inteligentes, capazes de produzir – não simplesmente reproduzir – obras intelectuais. Será isso realmente possível? Será possível que exista uma "inteligência artificial" capaz de criar obras sem a intervenção criativa humana? Nesse caso, cabe proteção à obra criada? Se cabe proteção, quem é o autor? O computador, ou melhor, o *software*? O criador do *software*? Ou aquele que tornou possível o uso do *software* em uma determinada situação que levou ao resultado protegido como obra intelectual nova?

O que é, afinal, Direito Cibernético?[36]

Nesse campo pretendemos ingressar na medida em que já enfrentamos algumas questões que são de fundamento e precedentes, como a questão da Ética, que precede o Direito, que pode fundamentar a própria condução de nossas decisões como partícipes de uma comunidade comunicacional que influencia, através do debate, do discurso

---

[36] "Direito Cibernético é o próprio Direito aplicado e adaptado às novas condições do meio digital, capaz de absorver as características próprias do meio digital, capaz de absorver as características próprias dessa outra dimensão em que o espaço físico, delimitado e disciplinado pelos Estados Nacionais, detentores da soberania territorial, deixou de ser o único espaço para a formação da cidadania e o exercício dos direitos pelos cidadãos" (VALLE, Regina Ribeiro. *Direito Cibernético é uma realidade?* In: E-Dicas: O Direito na sociedade da Informação. VALLE, Regina Ribeiro do (org.). São Paulo: Usina do Livro, 2005. p. 29).

e do consenso (e do dissenso), a própria direção que a normatividade jurídica poderá tomar.

3.2. Origens do Direito

É comum a referência à História do Direito como a época em que estão relacionadas as descobertas dos primeiros documentos escritos. Afinal, tradicionalmente, a história é conhecida pelo conhecimento da escrita, pertencendo à pré-história a época da inexistência da escrita. A partir desse marco, portanto, costuma-se distinguir entre pré-história e História do Direito. Entretanto, com relação ao Direito, há uma antiga expressão *ubi societas, ibi ius* (onde há sociedade, há direito) que já levou muitos autores ao extremo de realmente concluir pela literalidade do termo, entendendo que desde sempre, desde as primeiras relações sociais, havia alguma forma de "direito". O problema é justamente chegarmos a algum consenso sobre que "direito" seria esse. Afinal, o poder de um chefe guerreiro pode ser considerado um "direito" semelhante ao poder que hoje possuímos de exigir o respeito a questões fundamentais, como o direito à vida, à liberdade, à igualdade?

Sem fazermos a tradicional divisão da história em períodos mais ou menos estanques, como nossos livros de história costumam fazer (Idade Antiga, Idade Média e Idade Moderna, por exemplo), mas observando o globo terrestre inteiro como formado de uma família de seres humanos, podemos entender que não pode existir um marco para o início da História do Direito que não seja arbitrário, pois o início da fixação por escrito varia no tempo de civilização para civilização. Assim, podemos dizer que no Egito remonta ao 3º Milênio a.C., que na Índia remonta ao século IV a.C., apesar de a visão de mundo hindu deliberadamente desinteressar-se pela fixação da história em escritos. Em Roma, o início teria ocorrido por volta de meados do século V, com a Lei das XII Tábuas. Na Grécia, existem as legislações lendárias, mas a legislação de Drácon constitui um marco da fixação da escrita jurídica e publicidade das leis – evitando, assim, o privilégio do conhecimento sobre elas apenas a uma determinada classe e sacerdotes. Portanto, é preferível responder a pergunta sobre "quando" surgiu a História do Direito com outra pergunta: a História de quem? De qual povo?

Além disso, é importante lembrar, como refere Ost, que o Direito "não se contenta em defender posições 'instituídas', mas exerce igualmente funções 'instituintes' – o que supõe criação imaginária de significações sociais-históricas novas e desconstrução das significações instituídas que a elas se opõem". A literatura, inclusive – e principalmente – a jurídica, atua não apenas sobre o imaginário instituinte, mas também sobre suas formas instituídas.[37]

Estudando História, na atualidade, somos mais atentos à crítica. Também prestamos atenção em quem é o autor daquela História; para quem ele escreveu; se havia interesse no desdobramento dos fatos; enfim, se a escrita é a habilidade considerada fundamental como marco para a História, deveríamos perguntar onde está a História dos que não podem, por eles próprios, escrevê-la: "onde está a História dos escravos, dos servos, dos operários? Quem escreveu por eles escreveu para eles?".[38]

O *Homo sapiens* surgiu há cerca de 25 mil anos. É o chamado "homem moderno" em comparação com seus antepassados: já fazia ferramentas de marfim, ossos e pedras e já utilizava o arco e a flecha, pescavam com anzol e linha. Antes dele, outras formas de vida humana foram registradas pela Paleontologia, como o *Australopitecus* (teria vivido há 500 ou 600 mil anos). Outras descobertas alertam para a existência de hominídeos na Terra que podem remontar a 3 ou 4 milhões de anos. Entretanto, as descobertas também indicam que a escrita teria surgido há apenas seis mil anos,[39] a invenção da roda surge em cerca de 3.000 a.C., e a domesticação de alguns animais também, sem esquecer que os primeiros sinais em formas de desenhos datam de cerca de 20 mil anos antes de nossa era, descobertos há pouco tempo numa caverna em Lascaux (França). Até então, poderíamos dizer, o ser humano percorria um longo caminho de sua evolução no sentido de adaptação de suas condições biológicas às da natureza, até que começou a ter condições de dominá-la, sobressaindo-se em meio às demais espécies. Lévéque lembra muito bem: "desde os seus inícios, a história do homem é, assim, a história das suas faculdades de adaptação".[40] A invenção da escrita, entretanto, foi de tamanha importância que a partir dela ocorreu um surto enorme de desenvolvimento das sociedades: contratos, trocas, leis, tudo passou a ser colocado por escrito. Isso tornou possível o crescimento dos Estados num âmbito

---

[37] OST, François. *Contar a Lei: as fontes do imaginário jurídico*. São Leopoldo: Unisinos, 2005. Coleção Diké, Trad. Paulo Neves, p. 19.

[38] AQUINO, Rubim Santos Leão de, *et alii*. *História das sociedades: das comunidades primitivas às sociedades medievais*. Livro Técnico: Rio de Janeiro, 1980. p. 20.

[39] JEAN, Georges. *A escrita – memória dos homens*. Rio de Janeiro: Objetiva, 2002. Descobertas Gallimard Arqueologia. Trad. Lídia da Mota Amaral, p.11.

[40] LÉVÉQUE, Pierre. *As primeiras civilizações – Os impérios do Bronze*. Lisboa: Edições 70, 1998. Trad. António José Pinto Ribeiro, v. I, p. 10.

jamais imaginado – e tornou possível a consciência histórica de forma contínua.⁴¹ Uma divisão radical entre História e Pré-História do Direito poderá causar vários problemas: primeiro porque não é certo considerar que no período denominado "Pré-História" não existisse Direito, pois as sociedades, apesar de não dominarem a escrita, passaram longo tempo desenvolvendo-se e, assim, desenvolvendo institutos jurídicos que basicamente foram colocados por escrito em um dado momento; segundo porque fazer isso significa partir de um conceito pronto e acabado de Direito que acaba excluindo civilizações que possuíam um Direito muito desenvolvido, apesar de não escrito. Além disso, existem muitas civilizações vivendo ainda hoje em situação arcaica, mas nem por isso "pré-histórica". Vivem sem um Direito escrito, mas que não é, necessariamente, rudimentar, primitivo ou passível de ser classificado como menos "evoluído". A questão de a legislação estar escrita não corresponde à questão da evolução do Direito. Povos sem escrita podem possuir um Direito muito evoluído, como veremos. Mais ainda: a qualquer momento podem ser descobertos documentos mais antigos, pela arqueologia, que poderão retroceder nosso conhecimento da História do Direito.

Dessa forma, fica muito difícil delimitarmos com precisão uma época em relação à outra. Precisamos entender, pois, que as origens do Direito remontam a época conhecida como pré-história, e que sobre ela é muito difícil desfazer algumas "nuvens espessas" que insistem em cobrir o nosso passado.

3.3. Conceito e historicidade do Direito

Do que foi visto, já é possível observar que o Direito é histórico, e um dos grandes marcos dessa historicidade é o próprio foco sobre os direitos digitais, também os crimes digitais, mas o que expressa muito bem a evolução é o que denominamos hoje de *direitos humanos*. Estes nasceram a partir de eventos históricos trágicos, mais especificamente após a tragédia do nazismo, destacando-se como uma necessidade de os povos concordarem que existem determinados direitos que não podem ser violados em hipótese alguma. Observando antigas legislações, antes citadas, como a legislação romana, a Lei das XII tábuas, que proibia o casamento entre plebeus e patrícios, e os direitos humanos na atualidade, é possível compreender o que se quer dizer com a

---
⁴¹ WELLS, H. G. *A short history of the world*. London: Penguin Books, 1991. p. 57.

afirmação de que não apenas o ser humano é histórico, como são históricos os direitos e os direitos humanos.

Em relação, entretanto, ao conceito do Direito, é fundamental destacar que este pode ser visto sob vários ângulos, o que em geral confunde o estudante desavisado. Há, de início, uma dificuldade teórica no conceito de Direito, ligado à significação linguística do termo. Assim, o termo "Direito" pode apresentar diversas significações:[42]

a) <u>Norma</u> – ele pode estar vinculado à ideia de norma, lei, regra social obrigatória. P. ex.: o Direito não permite o duelo; não permite a venda de um órgão do corpo etc.

b) <u>Faculdade</u> – poderá significar a faculdade, o poder, a prerrogativa que o Estado tem de criar leis. P. ex.: o Estado tem o direito de legislar; cada pessoa possui direito de imagem.

c) <u>Justo</u> – poderá significar o que é devido por Justiça. P. ex.: a educação é direito da criança.

d) <u>Ciência</u> – poderá significar ciência do Direito; nesse caso, estaremos examinando seu lugar no conjunto das ciências e a natureza de seu objeto. P. ex.: cabe ao Direito estudar a criminalidade.

e) <u>Fato Social</u> – o Direito poderá significar fenômeno da vida coletiva, ao lado dos fatos econômicos, artísticos, culturais, esportivos etc. P. ex.: o Direito constitui um setor da vida social.

Temos de entender, então, que quando nos colocamos perguntas sobre o direito *in genere*, estamos fazendo Filosofia do Direito. Por quê?

O Direito *in genere* é, como diz Del Vechio, "fenômeno comum a todos os povos e em todos os tempos – nesse caso o Direito é produto da necessidade humana, existindo fatores gerais e comuns a todos os povos que levaram à formação da lei ou costume". E isso não pode ser descoberto pela ciência jurídica *stricto sensu*, que tem por objeto um campo particular, dela escapando as causas genéricas e universais que só podem ser abrangidas pela Filosofia do Direito – que envolve a chamada investigação meta-histórica do Direito.[43]

Aqui surge a pergunta fundamental desta lição: Será o Direito influenciado pela História ou será a História influenciada pelo Direito? O Direito se inventa ou é produto lento da natureza, evolução histórica? Será que a vida não seria melhor sem o Direito, uma vez que não é raro ele restringir a liberdade? Observe-se a questão da necessidade

---

[42] Cfe. MONTORO, Franco, p. 34.
[43] VECHIO, Giorgio Del. *Filosofia do direito*, p. 306.

de novas leis para regular a Internet: será que a regulação da Internet não vai eliminar a liberdade que possuímos?

Segundo Radbruch, podemos colocar a questão em dois aspectos:

a) Até que ponto a História serviu à realização das ideias jurídicas?

b) De que forma as ideias jurídicas influem sobre as realidades históricas?

Na realidade, e trazendo a questão prática para perto da questão teórica, a regulação dos espaços é (ou pode ser) necessária, pois de todo modo ela será regulada, ou por forças escusas, ou por poder econômico, ou por grandes organizações criminosas, ou pela lei do mais forte. Por essa razão, surge na história da humanidade, a importância da lei e da regulação dos espaços públicos e privados.

Se for consciente, a ideia do Direito sempre evoluiu através de uma linha progressiva, do inconsciente para o consciente. É uma força que na História se torna sempre cada vez mais consciente, tendendo a obedecer a representações finalistas.[44] Entretanto, ainda segundo Radbruch, os fins conscientes dos homens e que progressivamente vêm a ocupar o lugar dos institutos nem sempre correspondem a ideias absolutas puras, podendo ser simplesmente arbitrários e egoístas. Seria o que Hegel chamou de "astúcia da razão". Enfim, de tudo o que foi visto, é possível concluir que o ser humano possui uma natureza propensa à sociabilidade. Não pensa em viver isolado, salvo exceções. A regra é a sua natureza política, social. A sociedade é o resultado dessa própria natureza, sendo o Direito o fundamento da sociabilidade humana, o que a torna possível, daí a importância da valorização do Estado Democrático de Direito, estabelecido hoje, e garantido pela nossa Constituição Federal. A seguir, analisaremos as legislações e o papel da Constituição Federal em um país.

3.4. Os distintos sistemas de resolução de conflitos

Historicamente, também é necessário compreender que o ser humano não inventaria apenas uma forma de solucionar conflitos que seria adotada no mundo todo. Os povos, cada um a sua maneira, foram desenvolvendo leis próprias e o desenvolvimento de grandes sistemas jurídicos envolvendo grandes civilizações se formou aos poucos.

Após a tradição da filosofia grega, em grande parte absorvida pelo direito romano, e este, por sua vez, recuperado pelo direito ca-

---

[44] RADBRUCH, Gustav, cit. p. 191.

nônico, surgiu na Europa continental o processo com modelo inquisitorial. Nesse modelo, o acusador era um membro do tribunal, que irá originar o promotor de justiça, e esse mesmo modelo irá influenciar o processo civil, ou ao menos a máquina judiciária, como diz José Reinaldo. Nesse sistema inquisitório o debate era predominantemente escrito, com as relações entre as partes mediadas pelo juiz. Com tal mediação (as partes dirigem-se ao juiz, e não diretamente uma a outra), foram crescendo os oficiais, notários, tabeliães, meirinhos, cumprindo ordens diversas. A diversidade das questões trouxe também a definição das competências, e o pluralismo típico do medievo desenvolveu tribunais especiais.[45]

Já no modelo proveniente da Inglaterra, considerado de característica mais oral, as partes debatiam diante do juiz (que praticamente organizava um *duelo* direto), modelo que foi adotado em todos os países colonizados pela Inglaterra, entre eles os Estados Unidos e a Índia. O modelo da *common law*, portanto, será vinculado mais aos costumes e decisões dos precedentes, enquanto o modelo do Direito Continental, baseado no Direito Romano, privilegiará o formalismo escrito e a lei.

Na família do Direito romano-germânico, a ideia de que a sociedade deve ser regida pelo Direito se impôs, com o desenvolvimento de um processo racional e abolição dos antigos ordálios[46] (provas irracionais admitidas pelos tribunais medievais).[47] O renascimento do Direito Romano nas universidades teve um papel fundamental, mas corria o risco de ficar limitado ao mundo acadêmico. Uma solução seria desenvolver um novo Direito com base no vigor do Direito

---

[45] [...] "as disputas entre comerciantes (e por extensão aquelas típicas de suas atividades, como as sociedades, a bancarrota, os títulos de crédito, etc.) eram decididas pelas respectivas corporações (os 'consulados', por exemplo); as disputas entre os clérigos, nos tribunais eclesiásticos; as disputas entre senhores eram decididas em cortes. Desse ambiente, como já referido, nasceram as regras de competência. Os tribunais especiais continuavam a existir [...]. No século XX surgiram os tribunais ou agências de solução de controvérsias entre patrões e empregados. Os tribunais militares julgavam especialmente os crimes cometidos por militares no desempenho de suas funções, e, assim, poderiam ser citados outros exemplos. Julgando casos e categorias específicas de pessoas, os tribunais especiais tendiam a desenvolver regras particulares: tanto no que diz respeito ao processo propriamente dito (provas admissíveis, por exemplo) quanto ao direito em geral (regras sobre contratos, interpretação do silêncio, presunção de responsabilidade, repartição de custos, etc.). No entanto, eram considerados seções ou órgãos especializados de um só e mesmo poder soberano" (LOPES, José Reinaldo de Lima. *Uma introdução à história social e política do processo.* In: WOLKMER, Antônio Carlos. *Fundamentos de história do direito.* Belo Horizonte: Del Rey, 2000, p. 261-2).

[46] DAVI, René. *Os grandes sistemas do direito contemporâneo.* 2. ed., 3. tir. Trad. Hermínio A. Carvalho. São Paulo: Martins Fontes, 1998, p. 38-9.

[47] Pode ser citado como exemplo: amarrava-se o acusado em um saco que era jogado ao rio; caso o acusado conseguisse sobreviver, estava provado que era inocente.Trata-se de uma prova irracional e desumana, pois, mesmo supondo que conseguisse sobreviver, isso em nada *provaria* sua inocência!).

Romano ou, ainda, desenvolver um Direito com base nos costumes existentes, ou na falta deles, baseado na jurisprudência. A proposta das universidades vingou nos países do continente, enquanto a segunda solução edificará um novo sistema: o da *common law*.

Nesse ritmo, surge ainda o ideal de sistematização do Direito, que se iniciou a partir da doutrina, surgindo o contraste entre ela e a legislação, comprometida com interesses particulares e técnicas rotineiras. Sobreveio, então, o Código Civil Napoleônico, no interesse de, completando a obra da Revolução Francesa, proclamar, através da primeira codificação, a igualdade de todos os homens através de uma lei geral para todos.[48]

A oposição entre os direitos continentais, referida à família "romano-germânica" e aos sistemas do *common law*, se expressa num Direito tradicionalmente mais legalista no continente e mais jurisprudencial no *common law*. Essa tradicional dicotomia atualmente está enfraquecida, já tendo sido possível, ao parlamento europeu, a propositura de um modelo unificado, que recorreu ao antigo *ius commune* que uniu uma parte da Europa.

De todo modo, segundo a teoria do precedente, a decisão de uma corte sobre um ponto do Direito constitui uma autoridade que deve ser seguida por outras cortes inferiores. Seja qual for a opinião de um juiz, ele deve seguir a decisão da corte reconhecida como competente para declarar o direito. O sistema dos precedentes tem sido um poderoso fator do desenvolvimento do *common law* em outros países, como a Índia. Algumas reservas, contudo, têm sido feitas em relação a seu caráter estático, de modo a desenvolver-se a ideia de que as cortes devem aplicar os precedentes de forma criativa, e não mecânica.[49]

Destaca-se, entretanto, que o sistema do *common law* e o sistema românico-germânico não são os únicos que se pode contrapor. Conforme René Davi, em muitos países orientais, como a Índia, o Direito conserva grande parte de seu caráter inorgânico, fragmentário e instável, sendo comum o sentimento público ver nos costumes, e não nas leis, o verdadeiro Direito. Por tudo isso, o autor incluiu tanto o Direito hindu quanto o sistema chinês, entre outros, em seus estudos sobre os grandes sistemas contemporâneos do Direito.[50] O sistema dos países que abraçaram o socialismo, por outro lado, é outro sistema que se encontra em franca decadência.

---

[48] Cfe. REALE, Miguel. *Filosofia do direito*. 16. ed., São Paulo: Saraiva, 1994, p. 412-4.

[49] JAIN, M. P. *Outlines of indian legal history*. 5. ed. New Delhi: Wadhwa & Company Nagpur, 2000, p. 652.

[50] DAVI, René. *Os grandes sistemas do direito contemporâneo*. 2. ed., 3. tir. Trad. Hermínio A. Carvalho. São Paulo: Martins Fontes, 1998, p. 23.

O historiador do Direito Gilissen também destaca que existem na Ásia e na África diversos sistemas de Direito fundamentalmente diferentes daqueles encontrados na Europa, nos quais a noção de Direito é muito diversa daquela que se conhece do mundo romano e da Europa medieval e moderna, em especial por se caracterizar pelo fundamento religioso. Para os ocidentais, é difícil compreender tais sistemas, uma vez que estão habituados às regras e lógicas dos sistemas romanistas.[51] No momento, vários países islâmicos estão buscando a separação entre a religião e a política, visto que a religião tem sido erroneamente usada para justificar atos violentos, ficando cada dia mais claro que a política e a diplomacia devem reger os países e as relações entre os Estados, deixando-se a liberdade de crença para a esfera pessoal de respeito e liberdade de cada indivíduo.

3.5. A Internet, sua característica autopoiética *sui generis* e o Direito (Penal)

Como referido, a tecnologia tem evoluído num ritmo frenético, tornando-se cada vez mais complexa. Junto com ela, desde os primeiros estágios na década de 70 do Século XX, houve a idealização da Internet e suas peculiaridades comunicativas céleres e constantes inovações, principalmente a partir da década de 90, mais especificamente após a criação da rede "www" por Tim Berners-Lee. No Brasil, frise-se, mormente após 1995, quando deixou de ser uso exclusivo das universidades e passou a ter acesso público/comercial e, também, foi criado o Comitê Gestor da Internet no Brasil, pela Portaria Interministerial nº 147, de 31 de maio de 1995, alterada pelo Decreto Presidencial nº 4.829, de 3 de setembro de 2003.

Além das várias características conhecidas da Internet, que solidificou a chamada "Sociedade de Informação",[52] como a massificação das informações, o acesso a sistemas e dados, multidiversidade de assuntos, uma "superhighway" (Sydow, 2013, p. 31) etc., o autodesenvolvimento[53] é a principal (característica). Também, vários setores

---

[51] GILISSEN, John. *Introdução histórica ao direito*. 2. ed. Trad. A. M. Hespanha e L. M. Macaísta Malheiros. Lisboa: Calouste Gulbenkian, 1995, p. 101.

[52] Vide nota 1, sobre as características que Borges (2000, p. 29) deu à Sociedade da Informação.

[53] Luhman faz referência à "autorreprodução". Pode-se dizer, no entanto, que a Internet possui as duas características: autodesenvolvimento e autorreprodução. As ideias que se concebem a partir do uso e interações acabam por propiciar o desenvolvimento e aprimoramento da rede; o autorreproduzir-se, no caso da rede, ocorre sempre no sentido de que um (micro)sistema, como o microblog Twitter, acaba por, para continuar a evoluir, necessitar outras aplicações e complementos, que faz com que não só ele, como a própria rede Internet, possa se aprimorar e reproduzir, através de outras aplicações que interagem com ele (Twitter). Poderia exemplificar, como as

mundiais e nacionais,[54] defendem e trabalham a continuidade da autorregulação da rede mundial de computadores, a Internet..[55]

Após 1980, entidades não governamentais assumiram, não oficialmente, a regulamentação do ciberespaço, estabelecendo padronizações e regras. Duas dessas entidades são a ICANN – *Internet Corporation for Assigned Names and Numbers* – e a IANA – *Internet Assigned Numbers Authority* –, esta última responsável pela distribuição/organização de "números" na Internet, como os endereços dos protocolos de Internet – IP – e portas de comunicação (Sydow, 2013).

Aliás, como um (sub)sistema autônomo, *sui generis* no referencial de Stockinger (2003),[56] a Internet tem suas próprias regras e está fechado operativamente, porém tendo em seu entorno os sistemas psíquicos (usuários) e utilizando, também, a comunicação para interagir com os demais sistemas sociais (direito, moral, economia etc.), irritando-os ou sendo irritado.

É um (sub)sistema auto-organizado, pois tem construído suas próprias estruturas de funcionamento e funcionalidade, que se iniciaram em 1969 com a ARPANET[57] e, após uma divisão com a criação da Milnet,[58] no início de 1980 e posterior interligação (1986) com os supercomputadores da NSF,[59] criou-se a "espinha dorsal" de uma rede formada por computadores superpotentes (*blackbones*), que evoluiu e continua a evoluir com o tempo, de acordo com as necessidades de outros (sub)sistemas, principalmente o econômico.

Gottfried Stockinger (2003), apoiado na teoria dos sistemas de Niklas Luhmann, vê o ciberespaço como um sistema autônomo (*sui generis*) e não apenas como um novo *medium* (meio pelo qual passam as comunicações), no dizer do referido autor "é – funcionalmente falando – um mensageiro" (Stockinger, 2003, p.162) que amplia a comunicação social. É autopoiético, pois produz elementos para continuar produzindo mais elementos estando, como referido, auto-organizado,

---

aplicações de fotos e vídeos para o Twitter, além dos serviços de encurtamento de URLs (links), facilitando os tweets, limitados a 140 caracteres. Vide mais sobre o tema em WENDT, Emerson. *Internet & Direito Penal*: risco e cultura do medo. Porto Alegre: Livraria do Advogado, 2016.

[54] No Brasil, o Comitê Gestor da Internet prima pela liberdade de evolução da Internet.

[55] O IGF (*Internet Governance Forum*) tem sido o campo central das discussões sobre autorregulação da Internet. Vide: <https://www.intgovforum.org/>.

[56] A identificação como sistema autônomo *sui generis* é dada por Stockinger para explicar a diferença para com os demais (sub)sistemas. Pode parecer contraditória com a teoria luhmaniana, pois que um sistema sempre é diferenciado dos demais. Não existem, no entanto, estudos posteriores que trabalhem esta questão da Internet como sistema e, por isso, preferimos, neste estudo, repeti-la.

[57] *Advanced Research Projects Agency Network.*

[58] A Milnet é uma rede exclusiva para troca de dados militares.

[59] *National Science Foundation.*

a exemplo da larga teia mundial (rede "www") lançada em 1992 e com estruturas e elementos definidos quanto à distribuição de domínios e conjuntos de protocolos de Internet (IP) por todo o mundo. De outra parte, do ponto de vista de ser um processo de comunicação, entre os (sub)sistemas, pode ser tido como um *super*mecanismo de acoplamento estrutural entre eles (os sistemas), não só pela agilidade de transmissão de dados, mas pela instantaneidade e pelo transpasse de barreiras físicas, antes intransponíveis ou difíceis de serem derrubadas.

A interdependência dos sistemas, ponderada na importante contribuição de Stockinger (2003, p. 184) sobre a interação entre os sistemas através da comunicação via Internet, reforça a concepção de sua fundamentalidade, estabelecendo uma espécie de "ciberdependência":

> Quando sistemas sociais passam a usar a autopoiese, elementos e relações comunicativas eletrônicos (por exemplo *e-mails*), estes farão, daqui em diante, parte integrante das ações e comunicações sociais. A interpenetração chega a tal ponto que a autopoiese de sistemas sociais passa a depender da cibercomunicação. Do mesmo modo, os cibersistemas concebidos em forma de mídia, "vivem" do seu uso por sistemas sociais. Tal dependência mútua também se reproduz e passa, assim, a fazer parte de cada sistema, através da interpenetração e acoplamento estrutural.

Especificamente sobre a interação dos usuários (sistemas psíquicos), Stockinger (2003, p. 185), enfatiza que já "não são os usuários que estabelecem os limites e o horizonte da comunicação. É um sistema operacional eletrônico, em relação ao qual os usuários formam apenas o seu ambiente". Em outros termos, os usuários utilizam-se das aplicações da rede, como Twitter, Facebook, Flickr, YouTube, *e-mails* etc., que são os elementos para interagir na rede, permanecendo, no entanto, no seu entorno.

Assim, dada a característica autopoiética *sui generis* da Internet, com capacidade de "fazer emergir construções culturais e sociais inéditas, que se transformam praticamente em sujeito" (Stockinger, 2003, p. 185), tem-se, portanto, a existência de um sistema complexo.

Para Teubner (2005, p. 37) isso não significa que não possa haver "intervenção humana ativa", caracterizada por um "intervencionismo estatal ativo". Aliás, dado o pluralismo jurídico na sociedade pós-moderna, mesmo com regras próprias, um determinado (sub)sistema (no caso, a Internet ou o Ciberespaço), como enfatiza Teubner (2005, p. 29), não pode-se valer da "clausura operacional da autopoiese", ou seja, de estar imunizada contra o direito. Este (Direito), necessariamente, causará irritações naquele (Internet), e o contrário também acontece.

A ideia de intervencionismo, proposta por Teubner (2005, p. 37-38), seria possível diante do surgimento da ideia de "atratores", elemento novo/agregado no estudo da teoria dos sistemas. As diferentes possibilidades de solução são chamadas de "atratores". Os sistemas auto-organizacionais são, por si só e sequencialmente, estáveis, recursivos. Nesse ponto que entra o direito, pois que, segundo Teubner (2005, p. 38),

> o direito pode tentar, por produção normativa geral ou por atos jurídicos especiais, produzir perturbações de forma orientada e, apesar de todo o caos individual, irritar os sistemas recursivos de maneira que eles consigam mudar de um estado atrator a outro, com o qual o objetivo legal seja, pelo menos, compatível.

Nesse ato intervencionista pode-se conseguir, assim, a regulação jurídica contextual, necessária e objetivadora do comportamento desejável por parte do sistema recursivo. A Internet não foge à regra e, embora *diferencialmente* autopoiética e enquanto vista como sistema social *sui generis*, está dentro do contexto e do pluralismo jurídico.

Também não é diferente, portanto, o raciocínio no contexto do Direito Penal, porquanto embora tenha suas regras próprias, a Internet gera situações e comportamentos de seus usuários (sistemas psíquicos), operadores de seu entorno (ambiente), "compatíveis", por assim dizer, com os tipos penais existentes nas mais variadas legislações ou, ainda, comportamentos, positivos ou negativos, que podem gerar danos e/ou que tenham ou venham ter reflexo no contexto do processo legislativo, gerando a necessidade de sua regulação, penal ou não, porém dentro de uma racionalidade legislativa, pois, conforme Lira (2014, p. 82), "o processo de irritação/(des)juridificação é cíclico".[60]

Algumas legislações internacionais, aliás, mesmo do ponto de vista penal, tem reduzido o tempo de reação em relação às evoluções daí advindas, irritando o (sub)sistema político para atender às expectativas normativas, gerando direito, o que não é necessariamente o caso do Brasil, cujos "comportamentos" legislativos do sistema político são mais lentos, embora quando do friccionamento do sistema do direito há uma rapidez para criminalizar comportamentos (produzir mais direito), muito mais veloz do que para descriminalizar condutas (Lira, 2014, p. 81), ou seja, a desjuridificação é mais lenta.[61] A Itália, por exemplo, modificou o seu código penal, enfocando determinados delitos para o combate aos delitos informáticos em 1993, enquanto a Alemanha o fez já em 1986, o Reino Unido em 1990 e a Holanda em 1992 (Crespo, 2011). Esses países podem até ser referência em matéria

---

[60] Sobre as fases da racionalidade legislativa, ver Lira (2014, p. 109-143).

[61] *V.g.*, quanto ao adultério, que desde 1977 a regulação passou a ser cível, mas só em 2005 houve a descriminalização, juntamente com o delito de rapto consensual.

legislativa quanto ao assunto, mas o que deve ser levado em conta é a própria evolução da Internet no Brasil, a partir de 1995, momento em que se acentuou o ritmo da evolução tecnológica e somatizaram-se as circunstâncias necessárias e provocadoras do contingenciamento jurídico-penal. Assim, em comparação com as realidades (econômicas, de evolução tecnológica etc.) enfrentadas pelos países, poder-se-á citar a Argentina, que em 2008 modificou seu código penal e introduziu os "delitos informáticos" (Crespo, 2011, p. 150-153), e a Colômbia, que fez as modificações legislativas em 2009, com "la protección de la información y de los datos" (Colômbia, 2009).

De certa forma, a omissão legislativa específica não afasta a (re)análise e (re)definição da legislação penal e sua aplicação, pelo Judiciário, em relação às condutas praticadas via Internet, preservando-se direitos e garantias fundamentais. A tendência é que haja um reforço no direito penal[62] em face da propagada sociedade de risco (onde os riscos "extrapolam as realidades individuais e até mesmo as fronteiras territoriais e temporais", conforme Giddens (*apud* Vieira; Robaldo, 2007, p. 2) e a proliferação da cultura do medo na Internet.

---

[62] Esse reforço, necessariamente, deve ser compreendido como a criação de novos tipos penais e/ou agravamento das penas nos tipos penais já existentes.

4. A divisão do Direito

Resumo:
Neste capítulo será apresentada uma visão geral do Direito, enquanto lei, bem como do funcionamento do sistema jurídico, enquanto dinâmica. Na compreensão da lei, importa distinguir as diversas áreas do Direito, como civil e penal, trabalhista, comercial e família, e destacar a importância da Carta Maior, ou seja, da Constituição Federal e dos princípios fundamentais. Com essa base teórica, será abordada a efetividade ou concretude dos direitos inscritos na Constituição Federal, enquanto direitos fundamentais, observando o funcionamento do Judiciário na prática dos julgamentos.

4.1. Áreas do Direito

Considerando, agora, que nosso sistema jurídico pertence à tradição romano-germânica, a primeira divisão que se concebe do Direito se dá em dois campos distintos: o do Direito Público e o do Direito Privado. Essa divisão é usada atualmente mais para fins didáticos, pois se encontra bastante desgastada, tendo em vista que o próprio Direito tem por objeto as relações sociais e a ordenação da vida social, sendo seu caráter público (a função social do Direito) indissociável do caráter privado, vinculado às relações privadas dos cidadãos.

De todo modo, há de ser compreendido que por um lado existem, na sociedade, relações dos sujeitos, dos indivíduos, entre si, e, por outro, existem as relações dos indivíduos com o Estado. Assim, o Direito Público cuida da organização e atividade do Estado compreendendo a si mesmo em suas relações com os indivíduos que o compõem, e considerando a si mesmo nas suas relações com outros Estados.[63] Já o campo do Direito Privado, que cuida das relações

---

[63] São campos tradicionalmente típicos da área do Direito Público as áreas que tratam das relações jurídicas em que o Estado toma parte, como os Direitos Administrativo, Tributário, Constitucional, do Trabalho, Penal, Processual, Civil e Penal. O Direito Privado é tradicionalmente dividido

entre os indivíduos entre si mesmos, também envolve a relação de tais indivíduos, sejam pessoas físicas ou jurídicas, com instituições ou entidades particulares.

Um bom exemplo da superação dessa dicotomia entre "público" e "privado" é visto nas normas relativas ao consumo. Não obstante se referirem a sujeitos privados, são consideradas normas de ordem pública, sendo fundamental a intervenção do Estado e do Judiciário em qualquer grau no qual exista abuso de direito ou de posição envolvendo a relação de consumo. Outro bom exemplo refere-se justamente à área do direito concorrencial, com expedição de normas específicas de disciplinamento das atividades empresariais. Após a Lei 8.078/90, conhecida como Código de Defesa do Consumidor, também foram promulgadas a Lei 9.137/90, que estabelece os crimes contra abuso de poder econômico e as relações de consumo; a Lei 8.158/91, com normas para defesa da concorrência; e a Lei 8.884/94, que veio fortalecer órgãos públicos de poder de polícia no mercado, como o CADE (Conselho Administrativo de Defesa Econômica), transformado então em autarquia federal, e, mais recentemente, o Decreto 7.962/13, que determina uma série de medidas que devem ser cumpridas por empresas que vendem produtos ou serviços pela Internet com o objetivo de proteger o consumidor de fraudes.

Entre os diversos ramos em que se divide o Direito, então, superando-se a dicotomia "público-privado", é possível constatar vários campos (sempre em aberto, considerando a evolução histórica e o constante surgimento de novas áreas do Direito): o constitucional, fixando as próprias bases e fundamentos do Estado; o administrativo, regulando a atividade do poder executivo; o tributário, que regula as finanças públicas e tributos; o penal, que estabelece o que constitui crime e as penalidades; e o civil, que regula as relações entre particulares de forma mais abrangente, tratando do direito das pessoas, suas relações de família e patrimoniais (incluindo, a partir do novo Código Civil de 2002, também o Direito-Empresarial). Há, ainda, o ramo do Direito Internacional, que também vai se dividir em privado (regulando as relações entre pessoas de diferentes países) e público (regula as relações entre Estados e organizações internacionais), seguindo as mesmas características das divisões antes indicadas.

---

em Civil e Empresarial. No Civil, tem-se a preocupação com as pessoas físicas e jurídicas e seus direitos, as obrigações, os contratos, Direito de Família, das Sucessões, o Direito sobre as coisas (propriedade, posse). No Empresarial, encontram-se as questões sobre as sociedades e estabelecimentos comerciais, títulos de crédito, falências e recuperações. É possível observar, entretanto, que a linha divisória entre Direito Público e Privado tende a ser eliminada, pois a constituição atual do Estado exige que ele interfira nas relações privadas para auxiliar no equilíbrio entre as relações, como ocorre com a Lei de Direito do Consumidor.

Entre os campos novos do Direito, é possível mencionar o do consumidor, o ambiental, e o da propriedade intelectual. Sem adentrarmos em cada campo específico aqui mencionado, convém, entretanto, analisar os aspectos de base de todos os demais para os indivíduos, e aqui estamos falando da base legal maior, de cada país, em especial os que possuem a origem do direito romano, como o Brasil, ou seja, a Constituição Federal e os direitos fundamentais que ela estabelece. Bem assim, importante ainda é analisar o significado de Direitos Humanos, no contexto do citado Direito Internacional. É o que se fará a seguir.

4.2. Direitos humanos e direitos fundamentais

Para saber o que são os "direitos fundamentais", é necessário ter em mente, primeiro, o significado da Constituição Federal. Esta, considerada a lei maior, a lei fundamental de um país, formou-se historicamente a partir do século XVIII, e diz respeito à ordenação estrutural de um Estado, por um lado, e aos direitos dos cidadãos, por outro. Nesse sentido, ela traz tanto aspectos da funcionalidade e estrutura dos poderes, no caso do Brasil, Legislativo, Executivo e Judiciário, como o rol dos direitos considerados fundamentais. Por outro lado, para entender como os direitos fundamentais foram parar nas Constituições dos países, também é necessário conhecer antes como se deu o processo de constitucionalização dos direitos humanos, pois são eles que trarão essa força normativa para dentro das constituições. Ainda, é bom que se diga, o fundamento dos direitos fundamentais, assim como dos direitos humanos, é único: a dignidade da pessoa humana.

Na verdade, os direitos humanos constituem um processo histórico, não nasceram simplesmente com o horror da Segunda Guerra Mundial, ainda que a partir dela ações mais concretas tenham sido implementadas para sua maior efetividade e universalização. Esse processo histórico de formação dos direitos humanos remontaria pelo menos às revoluções liberais, à luta por liberdade dos indivíduos frente à opressão do Estado, a Magna Carta na Inglaterra, em 1215, reconhecendo direitos de liberdade religiosa, o devido processo legal e a instituição de processo legal para crimes contra a vida, por exemplo (mas a escravidão ainda existia, e tais direitos não se aplicavam a escravos). Já anos depois, em 1628, surge a *Petition of Rights*, através da qual o parlamento inglês pleiteia o cumprimento dos direitos previstos na Magna Carta de 1215, ao Rei, reafirmando-se a importância daqueles direitos. Tudo se encaminha para a Revolução Gloriosa de

1688, que levou à *Bill of Rights*, na Inglaterra, com a formação então de uma monarquia constitucional.

A seguir, tivemos a Declaração de Direitos do Estado da Virgínia, na América do Norte, em 1777, que fundou a própria Independência dos Estados Unidos, em 1791. Só depois vem a influência da Revolução Francesa, de 1789, que com força incontrolável derrubou o *ancien regime,* o antigo regime (feudal), com a proclamação da República, na França.

Um diferencial que costuma aparecer na doutrina envolve os direitos fundamentais e os direitos humanos. Ou seja, é comum aparecer uma diferenciação entre esses dois direitos. Assim, a construção dos direitos fundamentais está ligada aos direitos efetivamente consagrados nas cartas constitucionais dos países, e sua diferença básica em relação aos direitos humanos é que enquanto aqueles dizem respeito a uma determinada constituição estatal, os direitos humanos possuem pretensão à universalidade, não obstante o debate acerca de seu fundamento ser variado, muitas vezes vinculado à própria natureza humana, ainda que frequentemente não estejam consagrados nas leis fundamentais. De uma perspectiva a outra, ou seja, dependendo do desenvolvimento teórico a partir da consideração dos direitos humanos, ou dos direitos fundamentais, é possível caracterizar, por exemplo, diferenças de conteúdo nos aportes filosóficos.[64]

Entretanto, o grande avanço dos direitos humanos, em nível internacional, foi sem dúvida a partir da Segunda Guerra Mundial, em função dos crimes cometidos contra a humanidade pelo nazismo e pelo fascismo. Surge, ainda, a organização para proteção de tais direitos básicos do ser humano, que culminaria, em 1948, na Declaração Universal dos direitos do homem. O século XX transformará o debate sobre os Direitos Humanos. Eles se estabeleceram como uma concepção nacional e internacional para muitas nações, mas há uma concordância geral de que a força do respeito aos direitos humanos e a extensão da proteção e sua realização dependem particularmente das instituições estatais, e, nesse caso, dos documentos de base ou Cartas Magnas, fundamentais para sua interiorização. Os Estados são identificados, como aponta Henkin, por ideologias distintas, e, assim, por diferentes concepções e responsabilidades em relação aos direitos humanos, que irão se refletir em larga medida nas constituições nacionais.[65]

---

[64] Para ler mais sobre, ver David Sánchez Rubio (SÁNCHEZ RUBIO, David. *Encantos e Desencantos dos Direitos Humanos*. De emancipações, libertações e dominações. Porto Alegre: Livraria do Advogado, 2014.)

[65] HENKIN, Louis. *The rights of man today*. London: Stevens & Sons, 1979. p. 30.

O constitucionalismo moderno iniciou-se com os Estados Unidos no final do século XVIII, mas a sua Constituição não continha uma "declaração de direitos". Somente depois as dez emendas supriram o vazio normativo, ainda que a tradição das colônias inglesas fosse tomada como implícita. A partir daí, as Constituições escritas passaram a proteger os direitos civis, conhecidos depois como direitos de primeira geração, ou liberdades civis, vistos, assim, como direitos do ser humano frente ao Estado.[66] Em geral, os direitos humanos, hoje, são vistos em diferentes dimensões, e não mais "gerações" de direitos, sendo considerados, por isso mesmo, indivisíveis e universais, ainda que possuam desenvolvimento histórico diferenciado.

Entre os direitos de primeira dimensão estão os direitos civis e políticos, que compreendem as liberdades clássicas (liberdade, propriedade, vida, segurança). São direitos do indivíduo perante o Estado, em geral nominados na doutrina de direitos negativos, ou seja, dever de não fazer parte do Estado. São direitos surgidos especialmente contra o excesso de intervenção do Estado na liberdade das pessoas. São direitos que o cidadão possui e contra os quais o Estado não pode estabelecer oposição. Já os direitos de segunda dimensão cobram do Estado uma prestação positiva, um agir em benefício do cidadão. São os direitos econômicos, culturais e sociais. Como exemplos, podem ser citados o direito a saúde, trabalho, assistência social, educação, liberdade de sindicalização, direito de greve, direito a férias, repouso semanal etc. O artigo 5º da Constituição Federal do Brasil de 1988 traz em seus mais de 70 incisos os direitos e garantias individuais e coletivos.

Os direitos de terceira dimensão são os chamados direitos coletivos. São relacionados ao meio ambiente, à qualidade de vida saudável, à autodeterminação dos povos e à defesa do consumidor, da infância e da juventude. São direitos de titularidade difusa e coletiva, como paz, autodeterminação dos povos, desenvolvimento, qualidade do meio ambiente e conservação do patrimônio histórico e cultural. Os direitos de quarta dimensão são aqueles chamados direitos sociais, aqueles cuja importância transcende a esfera individual do seu detentor e abrange um número vasto ou conjunto determinado de indivíduos. Como exemplo, temos o direito à democracia e ao pluralismo, e o que nos interessa aqui diretamente, o direito de acesso aos meios

---

[66] Em um primeiro momento ocorreu isto: a constitucionalização de garantias civis que refletiam as características de estados abstencionistas. Em um segundo momento, entretanto, ocorreu um constitucionalismo pendente para o social, com a inscrição de direitos de cunho econômicos, sociais e culturais, exigindo uma ação do Estado na sua implementação. Temos, assim, a Constituição do México, de 1917, e a alemã, de Weimar, de 1919 (Cfe. CAMPOS, Germán J. Bidart. *Teoría general de los derechos humanos*. Buenos Aires: Astrea, 2006. 1ª. Reimp., p. 329-330).

digitais, incluindo aí acesso à Internet e a bens informáticos ou mídias que permitam a navegação em rede.

4.3. Alguns direitos fundamentais em análise

Para auxiliar na compreensão teórica, ingressamos na análise específica de alguns direitos fundamentais. Serão apresentados os princípios básicos que regem o direito do consumidor e sua inserção dentro do amplo campo do Direito, assim como o direito de acesso. Um olhar específico sobre os casos relativos a direito do consumidor relacionados a *software* e *software* livre diante do Código de Defesa do Consumidor servirá para aprofundar o tema, adiante, com o estudo do direito de autor, no campo da propriedade intelectual. Aqui, apenas serão apresentadas algumas noções básicas sobre o direito à informação, ao acesso, o direito de imagem, o direito à privacidade. Adiante, serão abordadas de modo mais específico algumas questões fundamentais para o gestor de tecnologia: o direito de propriedade intelectual, o direito do consumidor e os crimes digitais.

Uma das maiores garantias de uma democracia é a liberdade de expressão. Essa liberdade, conforme já destacado no capítulo anterior, tem relação com as conquistas libertárias da reação liberal contra o sistema feudal, e as primeiras declarações destacaram a expressão livre de censura como uma garantia que não poderia ser reprimida pelo Estado. Passou a ser exigida uma ação negativa do Estado, no sentido de não interferir. Por outro lado, na medida em que a pessoa humana foi sendo protegida a partir da dignidade, também outras garantias foram previstas na Constituição Federal, em especial direitos que servem como defesa a excessos que podem ser cometidos em nome de outras liberdades, como o direito de imagem, à privacidade e à honra.

No caso escolhido, abaixo, o Tribunal de Justiça entendeu que a liberdade de expressão deveria prevalecer. Lembre-se que quando ocorrer o que se chama de aparente conflito de direitos fundamentais, o caso concreto é analisado, e o critério de ponderação, aplicado:

[...]

A liberdade de expressão, assim como a honra, possuem proteção constitucional, no art. 220 e art. 5º, X, respectivamente. A honra possui como fundamento o princípio da dignidade da pessoa humana, desdobrando-se nas dimensões subjetiva e objetiva. Não se constituindo em direito absoluto, é importante determinar em relação o seu âmbito normativo a partir da proteção constitucional de outros direitos fundamentais. A liberdade de expressão é característica do Estado Democrático de Direito, constituindo-se na expressão de pensamentos, ideias e opiniões.

[...]

A liberdade de expressão possui um âmbito maior de proteção, relativamente à liberdade de informação. A publicação da charge em jornal local constituiu-se no exercício da liberdade de expressão, retratando crime de abigeato do qual o autor foi vítima. Não caracterizado o abuso de direito. Ausência de excesso manifesto imposto pelas finalidades da liberdade de expressão. A charge, no âmbito do jornalismo, constitui-se em desenho humorístico, cujo tema é acontecimento atual e que comporta crítica. Publicação de charge como instrumento de crítica social à falta de segurança dos agricultores da localidade e às consequências a que estão expostos. Análise dos limites externos. Critério da *preferred position* para a liberdade de expressão. Assunto que se tornou público pela concessão de entrevista pela parte autora. Ponderação dos direitos em jogo para abarcar a complexidade do sistema jurídico. Inexistência de violação dos direitos da personalidade no caso concreto. A charge publicada não foi direcionada para atacar o autor, mas possui dimensão pública de crítica social. Ausência do dever de indenizar.[67]

Em outra situação, entretanto, também com aplicação do princípio da proporcionalidade e ponderação, ficou decidido que a acusação de prática de trabalho escravo, por parte de sindicato, extrapolou os limites do direito de informar. Nesse caso, denegrir a imagem da empresa implicou indenizá-la. O caso serve, ainda, como exemplo para destacar que não apenas a pessoa física tem a imagem protegida, mas também as pessoas jurídicas:

[...]
4. Pleito indenizatório em que a parte autora busca reparação de danos morais supostamente suportados em virtude da divulgação de entrevista de conteúdo ofensivo em que se atribuía a pratica de "trabalho escravo" à empresa autora.

5. Devem-se sopesar as garantias constitucionais do direito de livre expressão à atividade intelectual, artística, científica e de comunicação (art. 5º, IX e 220, §§ 1º e 2º da CF) e da inviolabilidade da intimidade, da vida privada, da honra e da imagem das pessoas, assegurando o direito à indenização pelo dano material ou moral decorrente de sua violação (art. 5º, X, CF).

6. Vislumbra-se que o sindicato demandado excedeu os limites do direito de informar, com uma crítica contundente, insinuando que o proceder da empresa autora era arbitrário, a ponto de praticar "trabalho escravo", divulgando uma imagem negativa, de que a empresa era truculenta com seus funcionários.

7. Restou evidenciado no feito que o sindicato demandado não fez qualquer menção na entrevista concedida de que a relação trabalhista reputada como "trabalho escravo" se referia às lojas instaladas no *shopping* administrado pela postulante e não à esta, preferindo adotar alegações genéricas, acabando por insinuar que tal prática era adotada pela empresa autora.[68]

---

[67] Apelação Cível nº 70041494345, Nona Câmara Cível do Tribunal de Justiça do RS, Editora Jornalística o Diário Ltda., Apelante; José Antonio Kuhn, Apelado. Des. Leonel Pires Olhweiler, relator, em 10/08/2011.

[68] Apelação Cível nº 70029465234, Quinta Câmara Cível, Tribunal de Justiça do RS, Estação 713 Ltda., Apelante; Waldemar Francisquetti e Sindicato dos Empregados no Comércio de Farroupilha, Apelados. Relator: Des. Jorge Luiz Lopes do Canto, julgado em 30/09/2009.

Também não se podem confundir direitos fundamentais com direitos de personalidade. Ainda que os direitos de personalidade estejam elencados no rol dos direitos fundamentais, estes não se restringem aos direitos de personalidade. Assim, por exemplo, a tutela da imagem consagrada constitucionalmente veio prevista e confirmada, a partir de 2002, no Código Civil, e o direito de imagem passou a integrar de forma clara o rol dos direitos vinculados à personalidade. O próprio Código Civil passou a privilegiar o princípio da dignidade da pessoa humana, ou seja, enquanto a lei anterior (o Código Civil anterior era do ano de 1916) privilegiava mais a proteção patrimonial (ainda que já trouxesse a proteção aos direitos de personalidade, entre eles, os direitos a honra, imagem, privacidade etc.). É possível dizer, assim, que alguns direitos fundamentais são direitos de personalidade, mas os direitos fundamentais vão além dos direitos de personalidade.

Outros direitos de personalidade são os direitos à vida, à intimidade, à integridade física e psíquica, à honra e ao nome. Todos têm como características serem gerais (pertencem a todas as pessoas, independentemente de cor, religião, ideologia, sexo), extrapatrimoniais (não são passíveis de valoração econômica, não possuem um "preço"), indisponíveis (o titular não pode abdicar deles, renunciar a eles, nem vendê-los), imprescritíveis (o titular não perde o direito pelo não uso, que não se confunde com a prescrição do direito de ação, que é regulada distintamente) e inexpropriáveis (ninguém poderá retirar do titular).

Em relação à intimidade,[69] é questão recorrente a fiscalização ou "invasão" do empregador nos *e-mails* de seus empregados. Questiona-se, então, se há violação ao direito à intimidade do empregado. Em geral, os tribunais têm entendido que o empregador pode acessar e conferir os *e-mails* corporativos ou da empresa, enquanto o acesso a *e-mails* particulares constitui uma violação à privacidade do mesmo. Em caso de violação de correspondência endereçada ao empregado, como extrato de FGTS, por exemplo, viola-se a intimidade do indivíduo, sendo declarado ato de ingerência indevida na vida privada do empregado.[70] É de ser destacado que a violação da privacidade na

---

[69] Sobre os conceitos de privacidade e segredo, ver WENDT, Emerson. Internet: Percepções e Limites em Face do Direito à Extimidade na Rede. *Revista Jurídica Luso Brasileira*, v. 6, p. 297-318, 2015.

[70] "[...] A responsabilização por dano moral, na hipótese dos autos, opera-se por força da simples violação de correspondência (*in re ipsa*), independentemente de prova da lesão. – A informação consignada em todos os modelos de extratos do FGTS encontra-se amparada pelo dever de sigilo previsto no art. 1º da Lei Complementar 105/01. – Ao utilizar o documento violado para sustentação de seus argumentos nos autos de reclamação trabalhista ajuizada pelo recorrente, a recorrida conferiu indevida publicidade ao conteúdo da correspondência violada, o que representa ingerência na vida privada do recorrente. Recurso Especial conhecido e provido." (Recurso Especial

Internet pode ocorrer quando "informações pessoais do usuário ou publicidade de sua vida íntima passa a ser de conhecimento de pessoas não autorizadas".[71]

Em relação ao caráter comumente dito "absoluto", existem várias críticas doutrinárias, entendendo-se que não existem direitos absolutos (oponíveis a todos, *erga omnes*, tendo em vista a razoável preponderância do interesse público em alguns casos, frente ao direito individual) no nosso atual ordenamento jurídico. Isso quer dizer que o direito de imagem pode ser limitado se entrar em confronto com outros direitos fundamentais previstos na Constituição Federal, ou quando estiver frente a um interesse coletivo tutelado, como a ordem pública e a administração da justiça. O fato de não serem aferíveis economicamente não impede que o seu titular, que teve violado o direito de personalidade, venha a receber reparação monetária, que não tem por objeto pagar a dor, mas amenizá-la, além de representar uma forma de punição ao ofensor.

Um bom exemplo de que os direitos de imagem não são absolutos foi dado pelo Tribunal de Justiça do Rio Grande do Sul, como pode ser observado pela ementa abaixo. Para compreender quando a imagem de uma pessoa é protegida e enseja direito subjetivo à indenização, é necessário observar o objeto em si de uma fotografia, ou seja, se o objeto é a pessoa, um local ou um evento, enfim, se é a imagem pessoal de alguém ou se ela apenas faz parte de um contexto, não sendo o objeto da foto:

> O direito à imagem, como direito fundamental que é, não é absoluto. Uma das exceções que comporta é a publicação de fotografia em obra destinada a fins culturais. No caso, registrou-se a imagem do autor tomando chimarrão em conhecido parque de Porto Alegre e inseriu-se tal fotografia em livro de imagens intitulado "Cenas da Vida Gaúcha", editado com a finalidade de divulgar a cultura do Rio Grande do Sul. Ausência, para mais disso, de violação à honra, à respeitabilidade e à boa fama do demandante, requisitos previstos no *caput* do art. 20 do CC/2002 para o deferimento de indenização por reprodução da imagem sem o consentimento do titular.[72]

O direito de imagem também pode ser compreendido de duas formas distintas: uma no sentido de qualidades da pessoa, ou seja, uma "imagem boa" ou "má" do indivíduo, no sentido de suas virtudes, e outra forma no sentido de uma fotografia, de um retrato, uma

---

n. 2008/0010959-2, Ministra Nancy Andrighi, Terceira Turma do STJ, julgado em 27/04/2010, publicado em 13.05.2010.)

[71] PODESTÁ, Fábio Henrique. Direito à intimidade em ambiente da internet. In: *Direito e Internet*: aspectos jurídicos relevantes. Edipro: São Paulo, p. 160.

[72] Apelação Cível nº 70019733898, Zero Hora Editora Jornalística Ltda, Apelante; Fabiano Lagni, Apelado. Sexta Câmara Cível de Porto Alegre, 20/11/2008, Des. Antônio Corrêa Palmeiro da Silveira, relator.

representação visual exclusiva do físico da pessoa. Entende-se que o "direito de imagem" previsto constitucionalmente envolve a forma mais ampla, no sentido de a imagem estar vinculada não apenas à representação visual de alguém, mas também à forma de apresentação da pessoa como tal, perante os demais. Isso quer dizer que a violação à imagem independe de sua representação visual ter sido realizada, pois se pode ofender a imagem de alguém sem que exista a reprodução visual, plástica ou ótica de sua imagem.

Também não se pode confundir o direito de imagem com o direito à honra, por mais que o Código Civil não tenha conseguido apresentar de modo claro as distinções. De uma leitura parcial do instituto, a partir do Código Civil, pode-se ter a impressão de que o direito de imagem só existe quando violado outro direito, como a honra ou a boa fama, ou se tiver uso comercial. Porém, não é isso que a Constituição Federal estabelece, uma vez que garantiu o direito de imagem sem o estabelecimento de condições. Se não o fez, não pode lei inferior limitar direito posto de modo claro e amplo pela Constituição Federal. Além disso, considera-se que a honra pode ser tanto objetiva quanto subjetiva, ou seja, o seu conteúdo pode ser observado tanto a partir da dignidade da pessoa humana refletida na consideração dos outros quanto a partir da dignidade da pessoa refletida no sentimento que ela própria tem de si.[73]

Também merece destaque o direito de acesso. E este pode ser compreendido como um direito fundamental de acesso à informação e liberdade de informação em conjunto com o direito do autor. Pode-se entender por "liberdade de informação" a procura, o acesso, o recebimento e a difusão de informações ou ideias, por qualquer meio, e sem dependência da censura, respondendo cada um pelos abusos que cometer".[74]

Nesse sentido, tanto o direito ao acesso como o direito à informação ultrapassam limites de um direito exclusivamente individual, vinculado inicialmente ao próprio direito individual de liberdade de pensamento, para transformar-se em um verdadeiro direito coletivo à informação. Ora, é a partir da liberdade de expressão e de informação que se pode construir uma opinião pública pluralista e livre, essencial numa democracia, em especial considerando uma persistente

---

[73] "É dizer, no sentido objetivo, a honra é a reputação que a pessoa desfruta no meio social em que está situada; no sentido subjetivo, a honra é a estimação que a pessoa realiza de sua própria dignidade moral". FARIAS, Edilsom Pereira de. *Colisão de direitos. A honra, a intimidade, a vida privada e a imagem versus a liberdade de expressão e informação*. Porto Alegre: Sergio Fabris, 1996, p. 109).

[74] SILVA, José Afonso da. *Curso de direito constitucional positivo*. 24. ed. São Paulo: Malheiros, 2005, p. 245.

tentativa de manipulação dos meios de comunicação existentes. Por isso tanto o direito de acesso quanto o direito à informação decorre do princípio da dignidade da pessoa humana, pois tanto a difusão quanto o acesso às informações são fundamentais, como condição para o desenvolvimento da potencialidade intelectual do indivíduo, para que ele tenha efetivamente condições de exercício de seu livre-arbítrio, um livre-arbítrio.[75]

---

[75] Ver mais em: SARLET, Ingo Wolfgang; KRETSCHMANN, Angela. *Direitos do autor como direitos fundamentais?* Revista Jurídica do Cesuca. V.1, n. 1, jul./2013. p. 10 a 21.

5. Direito contratual

Resumo:

Entendendo os diversos ramos do Direito Público e Privado, em especial o Direito Civil, agora vamos analisar algumas características de uma área importante deste último: o Direito Contratual. É preciso compreender alguns fundamentos contratuais até mesmo para entender, mais adiante, as características das relações de consumo. Neste capítulo pretende-se atentar para os critérios de validade de um contrato, os princípios norteadores e as espécies contratuais mais comuns. A seguir, também será apresentada a contratualidade juscibernética, ou seja, as relações jurídicas contratuais que envolvem o comércio eletrônico, e suas diferenças com as relações contratuais típicas que lhe são anteriores e ao mesmo tempo contemporâneas.

5.1. Da teoria dos contratos em geral

O conhecimento de questões básicas que dão validade e geram direitos e obrigações torna-se muito útil para auxiliar nos cuidados que se deve ter ao assinar um compromisso contratual. Nosso dia a dia é envolto de relações contratuais, desde o momento em que se vai ao supermercado até o retorno para casa, passando pelo posto de gasolina ou pagando uma passagem de ônibus. Na realidade, é necessário muito cuidado já com a proposta de contrato, pois algumas vezes a proposta já tende a obrigar, enquanto em outras ela poderá obrigar apenas a partir do aceite da outra parte.[76] Além disso, é possível identificar falhas e problemas de redação que podem ser eliminados, antes que um conflito entre os contratantes se estabeleça e acabe tendo que ser resolvido no Judiciário.

---

[76] Como exemplo, pode ser citada a oferta publicitária, que obriga o proponente mesmo que o público não tenha manifestado aceite (Código de Defesa do Consumidor, artigo 30).

É muito recomendável que as partes, ao realizarem um contrato, deixem de modo bastante claro seu desejo de contratar, especificando o objeto do contrato e definindo-o cuidadosamente, a fim de que ninguém seja surpreendido mais tarde com efeitos da relação contratual que não planejara. Muitos dos problemas envolvendo revisões contratuais poderiam ser evitados se as partes, antes de contratar, tivessem manifestado de modo mais claro a extensão pretendida e a real vontade de contratar em relação a certos detalhes importantes, como modo de pagamento, entrega do objeto contratado, penalidades por descumprimento etc.

É elogiável a mudança operada em relação ao Código Civil de 1916, pois o antigo artigo 85, que fazia referência à interpretação dos contratos, dispunha que "nas declarações de vontade se atenderá mais à sua intenção que ao sentido literal da linguagem". Agora, fica patente através do artigo 112, exatamente o oposto, pois "nas declarações de vontade se atenderá mais à intenção nelas consubstanciada do que ao sentido literal da linguagem". Antes disso, porém, há ainda a limitação da própria liberdade de contratar, que a partir de agora deve seguir a função social, outra novidade. É através do artigo 421 que fica ressaltada a função social do contrato: o Código Civil de 2002 destacou que a liberdade de contratar será exercida em razão e nos limites da função social do contrato. Essa questão faz parte dos princípios que serão analisados adiante.

5.1.1. Conceito e requisitos

Contrato é um negócio jurídico bilateral ou plurilateral que, para ter validade e gerar obrigações, necessita preencher certos requisitos. Existem requisitos básicos de todo e qualquer contrato: a manifestação livre da vontade de contratar (ausência de coação), a licitude (não ser contrário à lei) e respeito às formalidades (quando exigidas por lei).

Os requisitos são sempre avaliados em uma relação contratual, podendo ser classificados em requisito subjetivo, objetivo e formal. O requisito subjetivo é relativo à análise da capacidade das pessoas contratantes, ou seja, o agente deve ser capaz (capacidade legal que é definida também em lei, para ter condições de manifestar sua vontade de forma livre), e essa também envolve capacidade genérica das partes para contratar. É simplesmente uma aptidão específica e consentimento das partes.

O requisito objetivo envolve a licitude do próprio contrato e seu objeto, ou seja, o objeto do contrato não deve ser contrário à lei, e também não pode ser contrário à moral e aos bons costumes. O contrato precisa, enfim, ter objeto lícito, possível, determinável e suscetível de valoração econômica. Nesse sentido, o artigo 426 do Código Civil serve de exemplo, ao dispor que "não pode ser objeto de contrato a herança de pessoa viva". Assim, se alguém fizer um contrato contrariando o dispositivo legal, ele é nulo de pleno direito.

Existe, ainda, o requisito formal: se a lei prevê uma forma específica, ela precisa ser seguida, sob pena de sua invalidade.

5.1.2. Princípios dos contratos em geral

Entre os princípios que regulam o Direito Contratual, estão os da boa-fé (objetiva e subjetiva), da autonomia da vontade, do consensualismo, da igualdade, da equidade, da obrigatoriedade, da conservação dos contratos, da relatividade dos efeitos, da vedação do enriquecimento sem causa e do abuso de direito.

Como já esclarecido, a função social situa-se, agora, tanto na Constituição Federal, regendo a propriedade, como no Direito Contratual, regendo a própria liberdade de contratar (artigo 421 do Código Civil). A função social, portanto, é um princípio básico geral que atinge toda a ordem jurídica desde a nossa carta constitucional. Esse princípio foi estabelecido porque a força vinculante dos contratos, ao contrário do que tradicionalmente se pensava, acaba atingindo terceiros, pois gera repercussões na vida, também, de outras pessoas, e não apenas daquelas que assinaram o contrato. É o que se chama forma difusa de geração de efeitos.

O Código Civil também estabeleceu que os contratantes são obrigados a cuidar, tanto na conclusão do contrato quanto na sua execução, os princípios de probidade e boa-fé (artigo 442 do Código Civil). Nesse caso, entende-se que a boa-fé é esperada dos contratantes, e não o contrário: não se espera má-fé das pessoas ao assinarem o contrato, e, por isso, a boa-fé é presumida, enquanto a má-fé, contrária, poderá, de todo modo, ser provada. Na dúvida em relação ao conteúdo das cláusulas, se forem ambíguas ou contraditórias, em especial no que diz respeito a contratos de adesão, a interpretação para elucidar seu conteúdo será aquela que for mais favorável ao aderente, e não a quem redigiu o contrato (artigo 424 do Código Civil). Ainda nessa linha, são nulas as cláusulas que estipulem a renúncia antecipada do aderente a direito resultante da natureza do negócio (artigo 424 do Código Civil).

Outro princípio importante é o da autonomia da vontade, que nada mais é do que o livre-arbítrio do sujeito constituindo sua vontade livre de manifestar seu interesse no contrato. Ele manifesta seu desejo através da declaração de vontade, que é válida quando ausentes coação, erro ou vício na manifestação.

Pelo princípio do consensualismo, entende-se que, se a lei não determina uma forma exata para a realização do contrato, a regra é que ele pode ser informal, e, assim, havendo acordo de vontade, é válida qualquer forma contratual, seja ela firmada por *e-mail*, telefone ou de forma verbal, até mesmo por mímica ou silêncio (salvo nos casos em que a lei impõe uma forma expressa).

A partir do momento em que é celebrado, o contrato torna-se obrigatório entre as partes, e daí decorre o princípio da obrigatoriedade da convenção. Assim, as partes não podem voltar atrás, desistir; isso se vincula ao antigo princípio *pacta sunt servanda*. O princípio da relatividade dos efeitos, ainda, vem informar que os efeitos atingem apenas as partes contratantes, e não terceiros não incluídos na relação. A revisão judicial do contrato, entretanto, também é possível, especialmente quando acontece alguma condição que leve a ela, como onerosidade excessiva ou desigualdade, também aplicando-se a teoria da imprevisão.

5.1.3. Espécies dos contratos em geral

São diversas as classificações dos contratos, e eles podem ser diferenciados e caracterizados em três grandes grupos:

5.1.3.1. Classificação quanto à forma

Existem os contratos principais e os acessórios; os contratos solenes ou formais (dependem de forma prescrita em lei) e os contratos informais; os contratos preliminares e os definitivos; os contratos consensuais e os contratos reais (necessitam da entrega da coisa para que se perfectibilizem).

Em relação à solenidade dos contratos, deve-se atentar para os requisitos mínimos de validade de um negócio jurídico, previsto no artigo 104 do Código Civil: a validade do negócio jurídico requer agente capaz; objeto lícito, possível, determinado ou determinável; forma prescrita ou não defesa em lei. Ou seja, se determinado contrato exigir uma forma específica por lei, esta deverá ser cumprida, sob pena de invalidade do próprio negócio jurídico. Exemplo de contrato solene é o da compra de um apartamento, um sítio, uma casa: toda compra e venda de imóvel tem exigência de forma escrita pela lei e, ainda, que seja por escritura pública. Se as partes não cumprem essa formalidade, então o contrato não tem validade e não pode ser exigido por nenhuma das partes. Isso não ocorre com uma compra e venda de coisa móvel, por exemplo, pois a lei não exige nenhuma forma para que ele se perfectibilize. Podemos vender bens móveis sem contrato formal.

5.1.3.2. Classificação quanto à natureza

Em relação à natureza: podem ser unilaterais ou bilaterais (como uma doação); onerosos (locação) ou gratuitos (doação); comutativos (prestações simultâneas) ou aleatórios (prestações deferidas para o futuro, como no seguro); contratos paritários ou por adesão.

5.1.3.3. Classificação do Código Civil

São inúmeros os tipos de contratos que vêm definidos e regulados no Código Civil. Aqui serão citados os principais. É interessante observar que o Código Civil de 2002, em substituição àquele que vigorava desde 1916, incluiu novas formas contratuais, como o agenciamento, a comissão e o contrato de distribuição.

Primeiramente, o mais tradicional de todos, o contrato de compra e venda (artigo 481 do Código Civil). O Código Civil ainda destaca as modalidades como a compra e venda pode ocorrer no art. 481. Por esse contrato, um dos contratantes se obriga a transferir o domínio de certa coisa, e o outro, a pagar-lhe certo preço em dinheiro. O contrato de compra e venda pode ter por objeto coisa atual ou futura. Neste último caso, ficará sem efeito o contrato se esta não vier a existir, salvo se a intenção das partes era de concluir contrato aleatório.

No caso da compra e venda, a fixação do preço pode ser deixada ao arbítrio de terceiro, que os contratantes logo designarem ou prometerem designar. Se o terceiro não aceitar a incumbência, ficará sem efeito o contrato, salvo quando acordarem os contratantes designar outra pessoa. Também se poderá deixar a fixação do preço à taxa de mercado ou de bolsa, em certo e determinado dia e lugar (artigos 485 e 46 do Código Civil). Entretanto, o contrato é nulo quando fica ao arbítrio exclusivo de uma das partes fixar o preço (art. 489 do CC). As despesas em geral ficam a cargo do comprador, como de escritura, a teor do artigo 490 do Código Civil.

Outro tipo comum de contrato é o de troca ou permuta, e a ele aplicam-se as disposições relativas à compra e venda. Ao contrário deste, entretanto, o contrato de troca ou permuta tem por objeto mercadorias em vez de dinheiro. A permuta terá duas exceções em relação às cláusulas da compra e venda: salvo disposição em contrário, cada um dos contratantes pagará por metade das despesas com o instrumento da troca; e é anulável a troca de valores desiguais entre ascendentes e descendentes, sem consentimento dos outros descendentes e do cônjuge do alienante (artigo 553 do Código Civil).

Já o contrato de doação (art. 538) é o contrato no qual uma pessoa, por liberalidade, transfere do seu patrimônio bens ou vantagens para o de outra. A doação pode ser pura (quando ocorre por liberalidade), remuneratória (quando se pretende retribuir um serviço ou favor prestado gratuitamente), com encargo (o doador impõe encargo ao donatário) ou condicional (quando a eficácia depende de situações que deverão ocorrer no futuro). Entretanto, uma doação será nula se envolver todos os bens sem reserva de parte, ou renda suficiente para a subsistência do doador, e também será nula quanto à parte que exceder a de que o doador, no momento da liberalidade, poderia dispor em testamento (artigos 548 e 549 do Código Civil).

As doações podem, entretanto, sofrer revogação, dentro de certo prazo, de um ano, a contar da sua realização, mas apenas se ocorrer ingratidão do donatário, ou ainda por inexecução do encargo. Essa possibilidade de revogação da doação não poderá ser ela própria objeto antecipado de renúncia, nos termos do artigo 556 do Código Civil.

5.2. Dos contratos na era tecnológica

As relações contratuais tradicionais sofreram enorme aperfeiçoamento com o desenvolvimento tecnológico dos últimos anos, em especial com o advento da Internet. As demandas aumentaram e se tornaram mais urgentes. A questão agora é saber se a urgência exigida pelo mercado é amparada e garantida pelo Direito.

As pessoas têm pressa, e a tecnologia dá suporte a essa pressa. No mesmo sentido, é possível dizer que também a legislação sofreu alterações, mas em inúmeros casos, a alteração não foi necessária, ou apenas foi necessário aplicar a situações virtuais as mesmas leis que eram até então aplicadas às situações reais. É o que aconteceu, em grande parte, com os contratos, pois em relação a eles, as leis praticamente se adequaram aos contratos cibernéticos e ao *e-commerce*.

5.2.1. Conceito de contratos eletrônicos

Entende-se por contrato eletrônico toda manifestação de vontade celebrada a distância, entre duas ou mais pessoas, com objetivo de constituir, modificar ou extinguir direitos, em especial de natureza patrimonial, realizado através de mídia eletrônica ou digital. Na atualidade, o Código Civil e o Código de Defesa do Consumidor são aplicados conjuntamente, e com isso o equilíbrio nas relações jurídicas é mais bem garantido.

Observa-se que o que identifica de modo imediato o contrato digital ou de *e-commerce* é a presença das partes contratantes. Em geral tem-se que o contrato de *e-commerce* é realizado entre ausentes, ao contrário do contrato tradicional. Já foram expostas as características e os princípios dos contratos em geral, justamente porque o Código Civil não faz nenhuma alteração em relação a contratos eletrônicos, em especial o contrato de compra e venda, ou *e-commerce*. Não parece muito complexo simplesmente aplicar as normas já existentes para o meio digital. Não poderia ser diferente, pois as exigências de boa-fé, de objeto lícito, de capacidade das partes etc. são fundamentais para qualquer contrato, seja na forma tradicional, realizada entre presentes, seja no meio digital. Detalhes importantes, entretanto, serão vistos a seguir.

O Direito, através de leis, procura trazer segurança jurídica às relações entre as partes, sendo que a liberdade de contratar, muitas vezes, esbarra em limitações legais. É importante, por isso, observar atentamente os princípios que dão força de validade aos contratos, ao mesmo tempo em que, se desrespeitados, podem torná-lo nulo ou anulável. Dependendo da situação, o contrato inteiro pode ser declarado nulo, não apenas uma ou algumas de suas cláusulas.

No caso de contratos eletrônicos, a preocupação com a segurança aumenta, não apenas em relação às relações jurídicas, amparadas pelo direito, mas também com relação à segurança na própria transmissão das informações, pois, afinal de contas, a validade do contrato será a mesma, seja a contratação operada de modo eletrônico ou digital, seja operada através de uma forma escrita, tradicional.[77] O Direito precisa

---

[77] "[...]são considerados meios eletrônicos, a Internet, os terminais de autoatendimento, o telefone e outros meios de comunicação a distância tornados disponíveis pelo banco que, mediante análise de crédito e cadastro, disponibilizou à ora ré um empréstimo para utilização de montante a ser depositado em conta corrente. A contratação do empréstimo se efetivou e o montante contratado foi disponibilizado na conta corrente da requerida, conforme atesta o documentos acostado a folhas 06 dos autos com as condições específicas da contratação, restando que as contratações realizadas através de meios eletrônicos das quais se puder verificar a autoria, tais como ordens telefônicas, mediante positivação, aposição de senha e/ou a assinatura eletrônica têm, para to-

exercer o papel social de garantir a segurança e a veracidade nas transações e informações transmitidas através da Internet.

5.2.2. Princípios dos contratos eletrônicos

Os princípios que já orientam os contratos também são aplicados aos contratos eletrônicos. Nesse sentido, novamente os artigos 421 a 426 vão orientar as atividades contratuais: a liberdade de contratar está limitada aos princípios do ordenamento jurídico, em especial a função social (artigo 421). Além da função social do contrato,[78] base da relação jurídica, também devem ser observados os princípios de probidade (ou seja: honradez, integridade, honestidade) e boa-fé (artigo 422 do Código Civil). Tudo isso é destinado ao intérprete do contrato, que vai aplicá-lo ou revisá-lo.

Os mesmos princípios observados antes são, também aqui, aplicáveis: além da função social, da probidade, boa-fé e licitude, também o princípio da autonomia da vontade (as partes estipulam cláusulas conforme entenderem que lhes convêm); princípio *pacta sunt servanda*, ou da obrigação de cumprir o contratado (sem desconsiderar que existem casos fortuitos ou de força maior, ou mesmo se as próprias partes resolverem alterar o contrato, ou, ainda, por força de revisão judicial). Não é demais lembrar que o princípio da autonomia de vontade leva justamente ao princípio da obrigação entre as partes, ou ao velho ditado "pactos devem ser respeitados" (*pacta sunt servanda*), como, aliás, leciona com muita clareza Washington de Barros Monteiro:

> A regra nos contratos, insista-se, é a autonomia da vontade dos estipulantes e que deve ser sempre respeitada, não obstante as restrições que lhe foram impostas. O natural limite, que fixa o campo da atividade individual, é estabelecido pelo segundo princípio, da supremacia da ordem pública que proíbe estipulações contrárias à moral, à ordem pública e aos bons costumes, que não podem ser derrogados pelas partes. [...] Finalmente, em virtude do terceiro princípio, aquilo que as partes, de comum acordo, estipularam e aceitaram, deverá ser fielmente cumprido (*pacta sunt servanda*), sob pena de execução patrimonial contra o devedor inadimplente. [...] Fora dele, o princípio da intangibilidade ou da imutabilidade contratual há de ser mantido (*quod antea este voluntatis postea este necessitatis*).[79]

---

dos os fins e efeitos de direito, a mesma validade de uma ordem escrita equivalente" (Sentença no Processo n° 0262602-28.2009.8.26.0002, Banco Santander S/A, Requerente; Claudia Alves dos Santos, Requerida. São Paulo, 08 de junho de 2011. Juíza Dra. Regina de Oliveira Marques).

[78] A função social da propriedade está prevista como um dos fundamentos da República Federativa do Brasil: artigo 5°, inciso XXIII – a propriedade atenderá sua função social.

[79] MONTEIRO, Washington de Barros. *Curso de direito das obrigações*, 2ª parte, 25ª ed. São Paulo: Saraiva, p. 9 e 10.

Também merecem menção o princípio da relatividade dos efeitos do contrato (lembrando que através dele os efeitos do contrato só atingem os contratantes) e o princípio do consensualismo. Também por isso, é importante que a vontade das partes seja sempre claramente identificável através de suas cláusulas.

Destaca-se que o próprio princípio de boa-fé e de probidade vão espelhar adiante, no Código de Defesa do Consumidor, o dever de informar, de prestar as informações suficientes e, evidentemente, corretas sobre o objeto de compra e venda, por exemplo.

De todo modo, é inegável que outros princípios podem ser deduzidos das contratações nos meios digitais: o princípio da equivalência funcional entre os atos jurídicos (não se podem diferenciar os contratos tradicionais dos contratos celebrados através do meio digital) e da validade do modo de contratar digitalmente, aplicados no caso relacionado abaixo, em que um correntista afirma que o banco realizou, "automaticamente" e sem seu consentimento, a renovação dos seus empréstimos, quando ele estava prestes a quitar as parcelas:

> Consta que o autor é correntista do banco-réu e com este celebrou 3 empréstimos no valor de R$ 1.000,00 (fls. 12/13), R$ 400,00 (fls. 14/15) e R$ 900,00 (fls. 16/17), no entanto, afirma que seus contratos foram refinanciados por meio de terminais eletrônicos sem sua autorização. O autor em interrogatório esclarece que vinha pagando regularmente o empréstimo, eis que recebeu uma carta de cobrança informando alteração na data de pagamento. Diz que procurou a agência e essa informou que o autor havia feito o refinanciamento. Entretanto, o autor nunca celebrou o contrato de refinanciamento no valor de R$ 2.603,42 (fls. 27), até porque a soma dos 3 contratos de empréstimo monta praticamente no valor do refinanciamento, ressaltando-se ainda que os empréstimos anteriores estavam prestes a ser quitados e o novo refinanciamento elevaria o término do contrato para 2013. Aduz a ré que o refinanciamento foi feito por meio eletrônico, porém disso não há nenhum indício ou prova nos autos, até porque, conforme esclarece o autor em interrogatório, não sabe mexer em computador. Nos termos do art. 20 do CDC, o fornecedor de serviços responde pelos vícios de qualidade.[80]

Em todo caso, como pode ser observado pela prática jurídica acima, a prova da contratação é necessária no meio eletrônico ou digital tanto quanto é exigida no modo tradicional. É o que ocorreu no caso citado. Outro exemplo: uma funcionária de determinada empresa recebeu uma correspondência. Quando a abriu, percebeu tratar-se de um contrato de propaganda, acompanhado de seis boletos de cobrança, com instrução para envio a protesto em caso de inadimplemento. O dono da empresa entrou em contato com a empresa para cancelamento da publicidade mencionada, bem como dos boletos, uma vez

---

[80] Sentença judicial em Processo nº 0003823-75.2011.8.26.0008, Terceira Vara Cível, Foro Regional VIII de Tatuapé, São Paulo. José Manoel dos Santos, Requerente; Banco Santander S/A, Requerido. Juiz de Direito prolator da sentença: Dr. Luis Fernando Nardelli, em 04/08/2011.

que não solicitara nenhum serviço, mas não foi atendido, o que o obrigou a ajuizar uma ação de declaração de inexistência de relação jurídica. O juízo de primeiro grau, ao conferir o contrato social da empresa, entendeu que a funcionária que recebeu o documento não detinha poder de representação do gerente. Verifica-se, então, a irregularidade e a abusividade praticada pela empresa, que, usando de práticas não condizentes com a boa-fé objetiva, eivou de nulidade o suposto contrato. Aplicam-se, no caso, os artigos 1.169 e 1.172 do Código Civil, afastando-se a teoria da aparência.[81]

5.2.3. Espécies dos contratos eletrônicos

Existe uma classificação bastante útil e que já tem sido adotada muitas vezes pela doutrina e jurisprudência. A classificação trazida por Cesar Viterbo Matos Santolim[82] e por Erica Brandini Barbagalo[83] divide as espécies de contratos eletrônicos em três categorias distintas, levando em consideração o modo de utilização do computador para a formação do contrato. Assim, eles podem ser divididos em intersistêmicos, interpessoais e interativos.

Nos contratos intersistêmicos, o computador é utilizado apenas para aproximar as vontades das partes que já existiam, de modo que ele serve como instrumento utilitário na formação e manifestação de vontade das partes contratantes (o computador nem é ligado à rede e, por isso, não interfere no momento da formação das vontades).[84]

Nos contratos eletrônicos interpessoais, o computador interfere na formação da vontade das partes, constituindo o próprio lugar de formação e declaração das vontades e dividindo-se, ainda, em "simultâneos" (como *chats* ou videoconferências, ou mesmo ligações via *skype*), se as partes estão conectadas em rede, ou "não simultâneos" (que ocorrem via *e-mail*), quando existe um lapso de tempo entre a declaração de vontade e a recepção de sua manifestação.[85] Tem relação com os contratos realizados por carta ou telefone, conforme disposto no artigo 428, inciso I, do Código Civil: "considera-se também pre-

---

[81] Conforme relatório da sentença no Processo nº 0006514-62.2011.8.26.0008, Segunda Vara Cível do Foro Regional do Tatuapé,, Jose Maria Rafael, Requerente; Edtesp, Clanesp & Lista Fácil Editora Nacional de Guias e Listas Ltda, Requerente, em 16 de agosto de 2011, Juiz de Direito Juiz Cáudio Pereira França, em 17/08/2011.

[82] SANTOLIM, Cesar Viterbo Matos. *Formação e eficácia probatória dos contratos por computador*. São Paulo: Saraiva, 1995, p. 24 e 26.

[83] BARGALO, Erica Brandini; *Contratos eletrônicos*: contratos formados por meio de redes de computadores: peculiaridades jurídicas da formação do vínculo. São Paulo: Saraiva, 2001, p. 48-58.

[84] Idem, p. 48-50.

[85] SANTOLIM, cit., 1995, p. 25; BARBAGALO, cit., p. 54.

sente a pessoa que contrata por telefone ou por meio de comunicação semelhante".

Os contratos são denominados "interativos" quando realizados entre uma pessoa e um sistema eletrônico de informações, em que a pessoa interessada na oferta manifesta sua vontade a um sistema de processamento eletrônico colocado à disposição pela outra parte, sem que esta última esteja conectada ao mesmo tempo ou tenha ciência imediata da formação do contrato.[86] Exemplos desse tipo de contratos são os de empresas com páginas na Internet oferecendo produtos que podem ser adquiridos com um "clique aqui", "ok" ou "realizar compra". Portanto, o contrato se estabelece entre uma mídia eletrônica e o aceite do comprador. Têm sido tratados como contratos de adesão.

Veja-se o caso seguinte como exemplo de contrato eletrônico interativo:

> [...] os autores realizaram a compra de uma máquina fotográfica digital 3.1 MP, marca CONCORD, em janeiro de 2005, por meio do "Portal Terra", a fim de utilizarem-na em viagem de férias do casal às Cidades de Natal e Rio de Janeiro, iniciada em 21/01/2005. [...] Entretanto, a máquina fotográfica adquirida não funcionou, não sendo registrada nenhuma foto. Frustrados, em razão de não obterem qualquer registro fotográfico da viagem, ao retornarem, contataram a demandada por meio eletrônico com o intuito de solucionar o problema, mediante o conserto da máquina, adquirida com vício oculto, a substituição por outra ou a devolução do valor despendido, sem obterem êxito. [...]
>
> A ré, na qualidade de mantenedora do ambiente cibernético em que se consumou o contrato de compra e venda, deve responder pelos termos da avença, mormente, no presente caso, em que figura como fornecedora do produto, consoante se verifica na nota fiscal acostada aos autos (fls. 12/14). O art. 7º, parágrafo único, do Código de Defesa do Consumidor dispõe que tendo mais de um autor a ofensa, todos responderão solidariamente pela reparação dos danos previstos nas normas de consumo. [...] De outra banda, a ré é detentora de um dos maiores portais da Internet no País, de notório poderio econômico. Ponderados tais critérios objetivos, entendo que o valor de R$ 8.750,00 (oito mil, setecentos e cinquenta reais) – equivalente a 25 (vinte e cinco) salários-mínimos na data da sentença – é suficiente para atenuar as consequências causadas à honra dos ofendidos, não significando um enriquecimento sem causa, punindo a responsável e dissuadindo-a da prática de novo atentado.[87]

No caso de resolução de problemas envolvendo contratos eletrônicos, uma questão sempre é preocupante: qual o local adequado para reclamar uma ação judicial? Nos termos do artigo 100 do Código de Processo Civil, é competente o foro do local do ato causador do dano. Se o dano ocorreu na rede, discute-se a possibilidade de identificação

---

[86] BARBAGALO, cit., p. 55.
[87] Apelação Cível nº 70016785453, Tribunal de Justiça do RS, Terra Networks do Brasil SA, Apelante; Angela Daniela dos Santos e Rogério Degani Gonçalves, Apelados. Des. Odone Sanguiné, relator, em 28/12/2006.

do lugar onde ocorreu o dano, uma vez que ele irá definir o local de ajuizamento da ação. A tendência é de que o local seja justamente onde está a vítima, pois foi ali que sucedeu o evento danoso. Se a vítima encontra-se no Brasil, então mesmo que o *site* ou provedor seja, por exemplo, norte-americano, o foro adequado para a ação será o brasileiro, o do domicílio da vítima.

6. Direito da propriedade intelectual

Resumo:
O objeto do presente capítulo é compreender a extensão da proteção aos bens intelectuais. Nunca essa área do Direito esteve tão viva e afetando tantas pessoas ao mesmo tempo. A evolução tecnológica trouxe a possibilidade de uso em larga escala de bens protegidos pela legislação, bens incorpóreos, conhecidos como obras artísticas, literárias ou científicas; invenções (patentes); aperfeiçoamentos (patentes de modelos de utilidade); *designs*; cultivares; topografia de circuitos integrados e marcas. A tecnologia facilitou o acesso e o uso de tais obras; entretanto, a lei não dá a mesma liberdade. A legislação relativa aos bens intelectuais está praticamente intacta, desde 1998, e é considerada uma das mais restritivas do mundo. Debates estão sendo promovidos para sua revisão, a fim de que alguns limites aos direitos de titulares de obras intelectuais sejam impostos, autorizando, assim, um número mais amplo de usos sem a necessidade de autorização dos titulares dos direitos ou autores. Enquanto isso não acontece, entretanto, a cada dia mais levanta-se, nos Tribunais, a aplicação da função social da propriedade também na propriedade intelectual, mas de forma muito indelével, ainda. Deve-se estar bem consciente antes de fazer uso de uma obra intelectual protegida por leis de propriedade intelectual. O objetivo do presente capítulo é justamente esclarecer tais questões.

6.1. Direitos do autor sobre obras intelectuais

Os direitos de autor atualmente são protegidos pela Lei 9.610, de 1998. Ela regula os direitos de autor, que aqui vêm no plural porque envolve tanto obras literárias e artísticas[88] como as obras protegidas

---

[88] A lei também fala em obras "científicas", mas o uso da palavra é equivocado, uma vez que obras científicas podem estar protegidas pela propriedade industrial, além do que o que a lei autoral protege é a expressão literária das obras científicas.

pelo que se conhece por "direitos conexos" ao direito de autor, ou direitos vizinhos, parentes, semelhantes. São os direitos dos artistas, intérpretes e executantes, os direitos das empresas de radiodifusão e, ainda, das gravadoras.

Alguns conceitos básicos para compreensão da matéria são importantes, e vêm todos definidos no artigo 5º da Lei 9.610/98:

> Art. 5º Para os efeitos desta Lei, considera-se:
>
> I – publicação – o oferecimento de obra literária, artística ou científica ao conhecimento do público, com o consentimento do autor, ou de qualquer outro titular de direito de autor, por qualquer forma ou processo;
>
> II – transmissão ou emissão – a difusão de sons ou de sons e imagens, por meio de ondas radioelétricas; sinais de satélite; fio, cabo ou outro condutor; meios óticos ou qualquer outro processo eletromagnético;
>
> III – retransmissão – a emissão simultânea da transmissão de uma empresa por outra;
>
> IV – distribuição – a colocação à disposição do público do original ou cópia de obras literárias, artísticas ou científicas, interpretações ou execuções fixadas e fonogramas, mediante a venda, locação ou qualquer outra forma de transferência de propriedade ou posse;
>
> V – comunicação ao público – ato mediante o qual a obra é colocada ao alcance do público, por qualquer meio ou procedimento e que não consista na distribuição de exemplares;
>
> VI – reprodução – a cópia de um ou vários exemplares de uma obra literária, artística ou científica ou de um fonograma, de qualquer forma tangível, incluindo qualquer armazenamento permanente ou temporário por meios eletrônicos ou qualquer outro meio de fixação que venha a ser desenvolvido;
>
> VII – contrafação – a reprodução não autorizada;
>
> VIII – obra:
>
> a) em coautoria – quando é criada em comum, por dois ou mais autores;
>
> b) anônima – quando não se indica o nome do autor, por sua vontade ou por ser desconhecido;
>
> c) pseudônima – quando o autor se oculta sob nome suposto;
>
> d) inédita – a que não haja sido objeto de publicação;
>
> e) póstuma – a que se publique após a morte do autor;
>
> f) originária – a criação primígena;
>
> g) derivada – a que, constituindo criação intelectual nova, resulta da transformação de obra originária;
>
> h) coletiva – a criada por iniciativa, organização e responsabilidade de uma pessoa física ou jurídica, que a publica sob seu nome ou marca e que é constituída pela participação de diferentes autores, cujas contribuições se fundem numa criação autônoma;
>
> i) audiovisual – a que resulta da fixação de imagens com ou sem som, que tenha a finalidade de criar, por meio de sua reprodução, a impressão de movimento, independen-

temente dos processos de sua captação, do suporte usado inicial ou posteriormente para fixá-lo, bem como dos meios utilizados para sua veiculação;

IX – fonograma – toda fixação de sons de uma execução ou interpretação ou de outros sons, ou de uma representação de sons que não seja uma fixação incluída em uma obra audiovisual;

X – editor – a pessoa física ou jurídica à qual se atribui o direito exclusivo de reprodução da obra e o dever de divulgá-la, nos limites previstos no contrato de edição;

XI – produtor – a pessoa física ou jurídica que toma a iniciativa e tem a responsabilidade econômica da primeira fixação do fonograma ou da obra audiovisual, qualquer que seja a natureza do suporte utilizado;

XII – radiodifusão – a transmissão sem fio, inclusive por satélites, de sons ou imagens e sons ou das representações desses, para recepção ao público e a transmissão de sinais codificados, quando os meios de decodificação sejam oferecidos ao público pelo organismo de radiodifusão ou com seu consentimento;

XIII – artistas intérpretes ou executantes – todos os atores, cantores, músicos, bailarinos ou outras pessoas que representem um papel, cantem, recitem, declamem, interpretem ou executem em qualquer forma obras literárias ou artísticas ou expressões do folclore.

Os conceitos indicados acima são fundamentais para a compreensão da legislação pertinente, pois definem pontos cruciais que vinculam toda a lei. Nesse sentido, se o direito de autor envolve a prerrogativa de publicação, e alguém publica uma obra, por exemplo, na Internet, sem autorização, isso pode ser considerado uma publicação? A Lei, conforme indicado acima, explica o que é publicação, quando ela ocorre e o que significa contrafação. Por isso, a leitura e compreensão de tais termos é muito importante para a sequência da compreensão da matéria.

6.1.1. Autoria, formalidades, obra produzida por empregado

Uma das dúvidas ainda persistentes no Direito Autoral tem relação com a forma de aquisição dos direitos. O direito de autor não exige formalidades, não é necessário nenhum registro da obra para que exista direito autoral. O único requisito que se pode dizer que existe é o da própria criação da obra e sua exteriorização. Essa exteriorização da obra intelectual não precisa ser em nenhum suporte material: mesmo que seja apenas oral, a obra já estará sob o amparo da lei. Nesse sentido, o artigo 7º destaca que são obras intelectuais protegidas as criações do espírito, expressas por qualquer meio ou fixadas em qualquer suporte, tangível ou intangível, conhecido ou que se invente no futuro. Para completar, a redação do artigo 18 não deixa dúvidas: "a proteção aos direitos de que trata esta Lei independe de registro".

A pergunta que surge, então, é: como se prova a autoria? Bem, a questão não é tão problemática com relação à prova, mas, sim, com relação à dificuldade de proteção e até injustiças que poderiam acontecer se o registro fosse constitutivo de direito, ou seja, se o direito dependesse de alguma espécie de formalidade para que pudesse existir. Sabe-se que os artistas costumam não se preocupar com formalidades, de modo que, se o registro fosse obrigatório, naturalmente muitos artistas estariam desprotegidos pela própria lei que teria por escopo protegê-los. Por isso, o registro não passa de mais um meio de prova, que pode inclusive ser contestado. Ele é uma possibilidade, para facilitar a prova no caso de necessidade, mas o autor de uma obra intelectual, artística ou literária não deixará de possuir o direito caso não faça o registro.

Mas quem pode ser considerado autor?

Autor sempre será a pessoa física criadora da obra intelectual. Nesse sentido, não se considera coautor quem simplesmente auxiliou o autor na produção da obra literária, artística ou científica, revendo-a, atualizando-a, bem como fiscalizando ou dirigindo sua edição ou apresentação por qualquer meio (conforme artigo 15, § 1º).

Quando a contribuição do coautor puder ser utilizada separadamente, ele terá asseguradas todas as faculdades inerentes à sua criação como obra individual, mas não poderá utilizar se o modo escolhido acarrete prejuízo à exploração da obra comum (artigo 15, § 2º).[89] Porém, quando a obra, feita em coautoria, não for divisível, nenhum dos coautores, sob pena de responder por perdas e danos, poderá publicá-la ou autorizar-lhe a publicação, salvo na coleção de suas obras completas (conforme artigo 32 da Lei 9.610/98).

Ainda, caso divergirem os coautores, a decisão caberá à maioria. No caso de discordância, ao dissidente é assegurado o direito de não contribuir com as despesas de publicação, assim como poderão renunciar a sua parte nos lucros, além de poder impedir que se indique seu nome na obra.

Já na situação do autor que é contratado, ou seja, empregado de empresa que produz bens intelectuais, a quem cabe o exercício dos direitos? Tem-se que pelas disposições legais, ao autor, pessoa física, cabem as prerrogativas morais, até porque são inalienáveis e irrenunciáveis. Entretanto, em relação às prerrogativas pecuniárias, se as atividades realizadas pelo empregado são decorrentes do próprio contrato, então a contraprestação por sua realização é vinculada ao

---

[89] Um exemplo para visualizar melhor: uma pessoa cria a letra de uma música, e outra a melodia.

próprio salário. Nesse sentido, decisão do TRT, Tribunal Regional do Trabalho, da Quarta Região:

> Também não são devidos direitos autorais – sejam materiais ou morais – nos termos da Lei nº 9.610/98, uma vez que as atividades realizadas pela autora são produto do próprio contrato de trabalho, cujo objeto é a produção jornalística.[90]

Mas apenas se tais atividades são justamente o objeto do contrato, do contrário, o direito de autor é do empregado. A questão relativa aos direitos autorais de autor empregado costuma ser bastante complexa, em parte porque a lei autoral não traz nenhuma disposição a respeito. A princípio, a tendência foi compreender que todos os direitos pertencem ao autor, seja ele empregado ou não, mas com o tempo foi sendo percebido que não há, praticamente, diferença entre obra produzida por cumprimento a dever funcional e obra produzida por autor empregado. A diferença está apenas no vínculo. Com isso, tratando-se de obra sob encomenda ou produzida por dever funcional, tem-se que as prerrogativas patrimoniais pertencem à empresa encomendante, pois foi ela que proveu as condições necessárias para o surgimento da obra e investiu na criação.

A questão, entretanto, em geral, na prática, não é fácil de resolver, justamente porque o direito de autor não é conhecido, não há uma "cultura de direitos autorais", o que facilita a contratação sem qualquer preocupação, gerando mais tarde uma discussão judicial. Se, por exemplo, alguém é contratado para trabalhar de auxiliar administrativo em uma empresa de ônibus e desenvolve um *software*, cuja Lei 9.609/98 ainda é mais protetiva em relação aos direitos do empregador, ainda assim o *software* poderá pertencer exclusivamente ao empregado. Nesses casos a atividade efetiva desenvolvida pelo empregado e o salário pago são fundamentais para a produção das provas que podem levar à conclusão de que ele não era pago para desenvolver *software*, mas para realizar outras atividades, de modo que o direito pode ser reconhecido exclusivamente ao empregado – e mesmo no caso de *software*, como adiante trazemos caso concreto. Nos casos da Lei 9.610/98, ainda é mais fácil pertencer ao empregado, caso nada esteja disposto no contrato e não há esclarecimentos sobre a produção de alguma obra intelectual vinculada ao objeto da contratação.

Ou seja, existem exceções, em especial no que diz respeito ao desenvolvimento de *software*. Nesse caso, a obra igualmente tende a pertencer ao empregador, mas com as distinções da lei específica do

---

[90] Recurso Ordinário n. 0035300-15.2009.5.04.0020, Des. Ricardo Tavares Gehling, relator, em 07/07/2011, 20ª Vara do Trabalho de Porto Alegre, TRT 4ª. Região.

software, a Lei 9.609/98, como podemos verificar da disposição clara da lei:

> Art. 4º Salvo estipulação em contrário, pertencerão exclusivamente ao empregador, contratante de serviços ou órgão público, os direitos relativos ao programa de computador, desenvolvido e elaborado durante a vigência de contrato ou de vínculo estatutário, expressamente destinado à pesquisa e desenvolvimento, ou em que a atividade do empregado, contratado de serviço ou servidor seja prevista, ou ainda, que decorra da própria natureza dos encargos concernentes a esses vínculos.
> § 1º Ressalvado ajuste em contrário, a compensação do trabalho ou serviço prestado limitar-se-á à remuneração ou ao salário convencionado.
> § 2º Pertencerão, com exclusividade, ao empregado, contratado de serviço ou servidor os direitos concernentes a programa de computador gerado sem relação com o contrato de trabalho, prestação de serviços ou vínculo estatutário, e sem a utilização de recursos, informações tecnológicas, segredos industriais e de negócios, materiais, instalações ou equipamentos do empregador, da empresa ou entidade com a qual o empregador mantenha contrato de prestação de serviços ou assemelhados, do contratante de serviços ou órgão público.
> § 3º O tratamento previsto neste artigo será aplicado nos casos em que o programa de computador for desenvolvido por bolsistas, estagiários e assemelhados.

Nesse sentido, o salário pago ao desenvolvedor deve ser compatível com a função exercida, e, havendo desvio de função, essa questão pode ser provada judicialmente, de modo que a autoria pode, eventualmente, ser reconhecida com exclusividade para o empregado, conforme pode ser visto na seguinte decisão:

> [...]
> Vê-se, do contexto probatório dos autos, que as funções para as quais o autor foi contratado não compreendiam a criação ou desenvolvimento de programas, *softwares*, sistemas ou aplicativos de computador. Percebe-se que a natureza das atividades realizadas pelo reclamante, no computador em que trabalhava, era de cunho eminentemente administrativo, relacionadas ao controle dos registros horários dos empregados e à folha de pagamento. [...]
> Assim, é devida a indenização arbitrada pela sentença de 1ª grau, diante da previsão legal do direito ao reclamante, na condição de autor intelectual dos programas de computador Remates, Gerenciador Banco de dados FARSUL/SENAR e CCT 04/0-2007 (Convênio de Cooperação FARSUL/SENAR), utilizados pela reclamada.[91]

6.1.2. Objeto dos direitos de autor

O objeto do direito de autor não é fácil de ser apontado. A princípio, toda obra intelectual exteriorizada, com forma original, e não

---

[91] Recurso Ordinário n. 0029700-35.2008.5.04.0024, sendo redator Des. FERNANDO LUIZ DE MOURA CASSAL, julgado em 26/05/2011, tendo com origem a 24ª Vara do Trabalho de Porto Alegre.

incluída nas proibições legais, estará protegida. Mas é possível observar que, apesar de a lei não fazer referência a um registro, alguns requisitos são passíveis de serem apontados, do que se conclui do artigo abaixo:

Art. 7º São obras intelectuais protegidas as criações do espírito, expressas por qualquer meio ou fixadas em qualquer suporte, tangível ou intangível, conhecido ou que se invente no futuro, tais como:

I – os textos de obras literárias, artísticas ou científicas;

II – as conferências, alocuções, sermões e outras obras da mesma natureza;

III – as obras dramáticas e dramático-musicais;

IV – as obras coreográficas e pantomímicas, cuja execução cênica se fixe por escrito ou por outra qualquer forma;

V – as composições musicais, tenham ou não letra;

VI – as obras audiovisuais, sonorizadas ou não, inclusive as cinematográficas;

VII – as obras fotográficas e as produzidas por qualquer processo análogo ao da fotografia;

VIII – as obras de desenho, pintura, gravura, escultura, litografia e arte cinética;

IX – as ilustrações, cartas geográficas e outras obras da mesma natureza;

X – os projetos, esboços e obras plásticas concernentes à geografia, engenharia, topografia, arquitetura, paisagismo, cenografia e ciência;

XI – as adaptações, traduções e outras transformações de obras originais, apresentadas como criação intelectual nova;

XII – os programas de computador;

XIII – as coletâneas ou compilações, antologias, enciclopédias, dicionários, bases de dados e outras obras, que, por sua seleção, organização ou disposição de seu conteúdo, constituam uma criação intelectual.

§ 1º Os programas de computador são objeto de legislação específica, observadas as disposições desta Lei que lhes sejam aplicáveis.

§ 2º A proteção concedida no inciso XIII não abarca os dados ou materiais em si mesmos e se entende sem prejuízo de quaisquer direitos autorais que subsistam a respeito dos dados ou materiais contidos nas obras.

§ 3º No domínio das ciências, a proteção recairá sobre a forma literária ou artística, não abrangendo o seu conteúdo científico ou técnico, sem prejuízo dos direitos que protegem os demais campos da propriedade imaterial.

Observa-se que a lei não faz distinção ou especifica critérios especiais, apenas indica que são obras protegidas quaisquer criações intelectuais – desde que expressas por qualquer meio ou fixadas em qualquer suporte, tangível ou intangível, conhecido ou que se invente no futuro. Essa redação da lei permite que a evolução tecnológica traga novos modos de exteriorizar criações intelectuais que acabam por estar inclusos no rol exemplificativo do artigo 7.

Um novo modo de expressar uma criação, e que não consta no rol do artigo 7º, por exemplo, é a criação de um *blog*. O *blog* não consta no rol do artigo, mas como é meramente exemplificativo, cabe à hermenêutica jurídica analisar e concluir acerca de sua inserção entre as obras protegidas pelo direito de autor. Sendo o *blog* uma expressão criativa, está também protegido pela lei. Outro exemplo é a criação de *ring tones*. Criar um *ring tone* demanda pedido prévio de autorização da música original, mas o próprio *ring tone* também estará protegido a partir do momento em que é criado, constituindo-se em uma obra derivada, e seu autor será o derivador – ainda que para usar a obra legitimamente dependa de prévia autorização, sendo que o Tribunal de Justiça gaúcho e de outras unidades da federação já possuem inúmeras demandas procedentes nesse sentido.[92]

Por outro lado, em relação a algumas obras produzidas a lei expressamente exclui da proteção, não porque não constituam criação intelectual, mas por razões ideológicas ou porque estão previstas em outras legislações. Nesse sentido, vem o rol do artigo 8º, indicando que não estão protegidas, por exemplo, as simples ideias e também as decisões judiciais, podendo ser objeto de livre reprodução:

> Art. 8º Não são objeto de proteção como direitos autorais de que trata esta Lei:
>
> I – as ideias, procedimentos normativos, sistemas, métodos, projetos ou conceitos matemáticos como tais;
>
> II – os esquemas, planos ou regras para realizar atos mentais, jogos ou negócios;
>
> III – os formulários em branco para serem preenchidos por qualquer tipo de informação, científica ou não, e suas instruções;
>
> IV – os textos de tratados ou convenções, leis, decretos, regulamentos, decisões judiciais e demais atos oficiais;
>
> V – as informações de uso comum tais como calendários, agendas, cadastros ou legendas;
>
> VI – os nomes e títulos isolados;
>
> VII – o aproveitamento industrial ou comercial das ideias contidas nas obras.[93]

---

[92] Apelação cível. Propriedade industrial e intelectual. Direitos autorais. Toques musicais polifônicos. Ringtones. Ausência de autorização para fracionamento da obra e alteração da melodia. Dano ao direito moral do autor. Disponibilidade da música para download sem a correta atribuição de autoria. Violação dos incisos II, IV e V do artigo 24 da Lei nº 9.610/98. Indenização devida. Fixação do quantum debeatur em R$ 25.000,00. Precedentes jurisprudenciais. À maioria, deram provimento ao apelo. (Apelação Cível nº 70045695996, Sexta Câmara Cível, Tribunal de Justiça do RS, Relator: Luís Augusto Coelho Braga, Julgado em 25/04/2013).

[93] Nesse caso, a questão poderá estar protegida antes pela propriedade industrial: "Crime contra a propriedade industrial – Desenho – Aproveitamento industrial ou comercial de ideias contidas em obra sem a autorização dos titulares desse direito – Utilização que não pode ser tida como violação de direito autoral – Enquadramento nas condutas típicas descritas na Lei Federal 9.279/96 – Culpabilidade do crime apurável através de ação privada – Error in procedendo inocorrente – Pedido de correição indeferido." (TJSP – JTJ 227/350.)

Para compreender bem a intenção da lei, é importante ter em mente que a legislação não protege o conteúdo da obra como tal: ele é livre, como é livre o acesso à cultura e educação e à informação. Entretanto, está protegida a forma com o conteúdo é apresentado. Por essa razão é que um livro didático, por exemplo, de química, está protegido pelo direito de autor, pela forma como apresenta seu conteúdo; seu conteúdo em si, porém, ou a ideia que ele segue, é o mesmo de outro livro de química, não estando protegido por fazer parte do acervo livre que todos podem acessar.

Em relação às criações não protegidas pelo direito autoral, é necessário referir que o direito tem por objeto apenas a forma original que é dada a uma ideia, e não a ideia em si. Além disso, exige-se que essa forma original seja exteriorizada, como são exemplos as obras já indicadas no artigo 7º. Outras obras não protegidas pelo Direito são os textos de leis, assim como as sentenças judiciais. É óbvio que constituem criações intelectuais, mas, por questões de interesse público, não são amparadas pelos direitos conferidos pela legislação de direitos autorais.

Em algumas situações, por outro lado, encontramo-nos no campo da prova, e muitas vezes algumas demandas podem ser julgadas improcedentes pelo erro no que se pede. Ninguém pode pretender ser titular de uma "tabela periódica", por exemplo, mas pode, dependendo do caso, exigir respeito para a forma como criou a apresentação do conteúdo de uma "tabela periódica". No Rio Grande do Sul já tivemos um caso envolvendo a cópia de tabela periódica, julgado improcedente. O motivo, pelo que se depreende, é que a prova coletada não foi conclusiva em relação à forma original exigida para gerar proteção.[94]

É importante compreender a importância de exclusão da proteção de certas criações intelectuais, pois, caso estivessem protegidas,

---

[94] O químico e professor José Carlos Silveira criou, em 1981, uma tabela periódica que chamou de "Tabela Atômica", caracterizada por compreender uma variedade de componentes para estudos, conceitos e elementos, com suplemento para uso de provas. Editou a tabela em 1982 com a Editora Mercado Aberto, tendo o contrato durado até 1993. O relatório descreve a prova colhida: "Através do laudo pericial carreado aos autos, depreende-se que a Tabela Periódica é um esquema de organização e classificação dos elementos químicos e que sua atual configuração foi desenvolvida, em 1869, por Dimitri Ivanovich Mendeleev". A testemunha Rogério Marcos Dalago, professor de química universitário, afirmou em seu depoimento que (fl. 178): "Pelo conhecimento que o depoente tem, a tabela periódica atômica é de uso comum, não podendo ser propriedade individual de alguém, tanto é que qualquer livro de química por mais elementar que seja, deve trazê-la junto. [...] A ordem da distribuição dos elementos nessa tabela também é fixa." E assim restou conclusivo para o caso: "Não resta dúvida, portanto que a obra, referente a conteúdo científico, é de domínio público. Outrossim, o pleito indenizatório somente terá cabimento caso configurada a hipótese prevista no artigo 14 da Lei 9.610/98, que dispõe sobre direitos autorais... Através da análise dos documentos juntados aos autos, da prova testemunhal e da perícia realizada, não se pode afirmar que houve cópia da obra do requerente. O expert apontou diversas diferenças entre a obra do autor e aquela comercializada pela requerida (fls. 87/88)". Processo nº 001/1.05.0125671-0, confirmado pelo TJRS em 05/09/07, Ap. Cível 70013909668.

poderiam seus autores ou titulares fazer exigências de acordo com as prerrogativas que passariam a possuir em função da lei, e essas prerrogativas são bastante extensas, como será analisado a seguir.

6.1.3. Direitos morais e patrimoniais

A partir do momento que são conhecidas as obras protegidas pelo direito de autor, pode-se agora analisar a extensão dos direitos de autor. Afinal, se alguém cria um *blog*, que direitos possui? Ou se você trabalha numa empresa que cria *sites*, que direito possui? O tema agora é compreender o que pode um autor fazer a partir do momento em que cria obra protegida pelo direito de autor.

A primeira observação que deve ser sempre lembrada é que os direitos de autor são muito extensos. A lei brasileira é considerada uma das mais restritivas do mundo, e isso quer dizer, em outras palavras, que ela concede muitas garantias ao autor e pouca liberdade ao cidadão que quer acessar a obra. A regra geral diz que para qualquer uso da obra intelectual, uma autorização prévia é necessária.

Para compreender melhor os direitos de autor, cumpre dividi-los em duas ordens distintas: os de natureza moral, dos artigos 24 a 27, e os de natureza patrimonial ou pecuniária (dos artigos 28 a 40).

Os direitos de natureza moral, previstos no artigo 24 da Lei Autoral, envolvem:

a) a prerrogativa moral de paternidade, ou seja, o reconhecimento da autoria;
b) o direito à nominação, ou seja, de ter o nome indicado em cada utilização;
c) o direito de manter a obra inédita (o autor não é obrigado a publicá-la);
d) o direito de manter a integridade da obra;
e) o direito de modificar a obra, antes e depois de publicada;
f) o direito de retirar a obra de circulação, ou de suspender qualquer forma de utilização já autorizada, quando a circulação ou utilização implicarem afronta à sua reputação e imagem;
g) o direito de acesso, ou seja, o de ter acesso a exemplar único e raro da obra, quando se encontre legitimamente em poder de outrem, para o fim de, por meio de processo fotográfico ou assemelhado, ou audiovisual, preservar sua memória, de forma que cause o menor inconveniente possível a seu detentor, que, em todo caso, será indenizado de qualquer dano ou prejuízo que lhe seja causado.

Como é possível observar, sua natureza moral é intrínseca ao objeto. Tais prerrogativas que o autor possui em decorrência da criação são, na realidade, direitos de impossível redução a um valor econômico. A legislação, ainda, prevê que tais direitos não podem ser transferidos, ou seja, são inalienáveis e irrenunciáveis.

Caso um contrato venha contemplar algum desses direitos, será nulo, pois a própria lei prevê que eles não podem ser objeto de alienação. No caso de falecimento do autor, apenas os direitos morais, previstos do inciso I a IV, são transmitidos aos sucessores.[95]

Já as prerrogativas patrimoniais, que podem ser transferidas, vendidas, cedidas, enfim, que podem ser objeto de um contrato de transferência ou concessão de uso com terceiros, vêm previstas a partir do artigo 28 da Lei 9.610/98, e são aquelas que não possuem cunho moral ou de vinculação personalíssima com seu autor.

Entre as prerrogativas que podem ser objeto de contratação, podem ser citadas: a reprodução parcial ou integral; a edição; a adaptação, o arranjo musical e quaisquer outras transformações; a tradução para qualquer idioma; a inclusão em fonograma ou produção audiovisual; a distribuição, quando não intrínseca ao contrato firmado pelo autor com terceiros para uso ou exploração da obra; a distribuição para oferta de obras ou produções mediante cabo, fibra ótica, satélite, ondas ou qualquer outro sistema que permita ao usuário realizar a seleção da obra ou produção para percebê-la em um tempo e lugar previamente determinados por quem formula a demanda; e nos casos em que o acesso às obras ou produções se faça por qualquer sistema que importe em pagamento pelo usuário.

Ainda, dependerá de autorização prévia ou expressa do autor ou titular, o uso, direto ou indireto, da obra literária, artística ou científica, mediante: representação, recitação ou declamação; execução musical; emprego de alto-falante ou de sistemas análogos; radiodifusão sonora ou televisiva; captação de transmissão de radiodifusão em locais de frequência coletiva; sonorização ambiental; a exibição audiovisual, cinematográfica ou por processo assemelhado; emprego de satélites artificiais; emprego de sistemas óticos, fios telefônicos ou não, cabos de qualquer tipo e meios de comunicação similares que venham a ser adotados; exposição de obras de artes plásticas e figurativas; a inclusão em base de dados, o armazenamento em computador, a microfilmagem e as demais formas de arquivamento do gênero.

---

[95] Detalhes polêmicos e casos concretos podem ser vistos em KRETSCHMANN, Angela. *Dignidade humana e direitos intelectuais*: re(visitando) o direito autoral na era digital. Florianópolis: Conceito, 2008.

A lei autoral, como pode ser observado, procura contemplar todo e qualquer uso de obra intelectual, sendo irrelevante se tal uso tem ou não fins lucrativos. O uso pode ser direto ou indireto, assim como o lucro também. Independentemente disso, entretanto, seja o lucro direto ou não, e mesmo que o uso não tenha qualquer fim lucrativo, a lei determina que a autorização é necessária. Daí por que o uso de obras que estejam disponibilizadas na Internet é perigoso sob o olhar legal, uma vez que a disponibilização da obra na Internet não autoriza automaticamente seu uso (é preciso que tal uso tenha sido autorizado).

Nesse sentido, basta observar o conteúdo do inciso X do artigo 29, que determina, como se não bastassem as severas e detalhadas prescrições dos incisos anteriores, que também depende de autorização prévia e expressa "quaisquer outras modalidades de utilização existentes ou que venham a ser inventadas". Ou seja, não se tem a menor ideia do uso que poderá ser inventado no futuro, mas de todo modo, a lei proíbe esse uso ainda não inventado, salvo com autorização do autor ou titular dos direitos de autor.

Bem, tanta severidade não escapou a maledicências, e a própria sociedade civil se organizou e começou a difundir críticas ao sistema. Além disso, formas de licenciamento foram desenvolvidas a fim de possibilitar que o autor interessado em permitir o uso pudesse deixar sua obra livre para ser utilizada. É o caso do *creative commons* (CC), que na esteira dos desenvolvimentos de Richard Stalmann em relação ao *software* livre, trouxe a ideia de desenvolver uma série de licenças que o autor pode utilizar para autorizar um uso mais livre de sua obra.

Como diz no próprio *site* do CC,[96] ele não veio para ir contra as regras do direito autoral, mas para complementá-las. De fato, também críticas existem ao CC, mas não se pode negar que é um bom instrumento para troca de obras intelectuais com maior tranquilidade, em especial uma boa forma desenvolvida para que usos sem fins comerciais pudessem ser realizados, afinal, a lei proíbe o uso sem autorização inclusive para fins não comerciais, salvo nas raras limitações ao direito de autor, que serão apreciadas a seguir.

6.1.4. A duração do direito

Conhecido o conteúdo do direito de autor, que é formado de prerrogativas morais e patrimoniais (arts. 23 a 41), resta compreender a duração do direito (ver artigos 42 a 45, bem como artigo 96), para, em seguida, analisar os limites ao direito de autor.

---

[96] Disponível em: <www.creativecommons.org.br>.

A duração do direito de autor obedece a uma regra geral e um critério básico: a regra geral é de 70 anos, e o critério básico é o da morte do autor. Assim, os direitos patrimoniais do autor perduram por setenta anos contados de 1º de janeiro do ano subsequente ao de seu falecimento, obedecida a ordem sucessória da lei civil (artigo 41 da Lei 9.610/98).

Outros critérios existem, por exemplo, a contagem do prazo pode iniciar a partir da primeira publicação da obra (para obras audiovisuais e fotográficas) ou então a partir da primeira divulgação (para obras anônimas e pseudônimas – a não ser que o autor se der a conhecer antes de esgotado esse prazo). O prazo de setenta anos para os direitos conexos começa a contar a partir de 1º de janeiro do ano subsequente à fixação, para os fonogramas; à transmissão, para as emissões das empresas de radiodifusão; e à execução e representação pública, para os demais casos (conforme artigo 96 da Lei 9.610/98).

Já para o *software*, o prazo é de 50 anos, contados de primeiro de janeiro do ano seguinte ao da sua publicação, ou, ausente esta, da sua conclusão (conforme § 2º do artigo 2º da Lei 9.609/98).

6.1.5. A liberdade no uso de obras protegidas

Limitar o direito de autor significa impor certas utilizações lícitas independentemente de autorização do autor. Afinal, o que podemos fazer com obras publicadas sem pedir autorização do autor? Além disso, existe um momento específico que possibilita a incidência das limitações. Que momento é esse? Em alguns casos, o autor não tem direito de impedir o uso livre de sua obra, mas tais situações, conhecidas como limitações intrínsecas ao direito de autor, são expressamente arroladas na lei.

O que pode servir de guia no presente caso são, portanto, duas questões:

a) a partir de que momentos passam a incidir as limitações ao direito do autor?

b) quais são as situações de limitações ao direito de autor?

Finalmente, os limites intrínsecos são aqueles específicos da lei autoral, enquanto as limitações extrínsecas encontram-se fora da lei, segundo pontual doutrina de José de Oliveira Ascensão.[97]

Nesse sentido, Pablo Ortellado e Jorge Machado levantam o problema do "choque inevitável entre Direito de Autor e as necessidades

---

[97] ASCENSÃO, José de Oliveira. Cit.

de informação por parte dos utilizadores", acrescido do aumento da produção científica e literária, aliados às novas tecnologias. Os autores trazem a seguinte afirmação: "A situação atual da propriedade intelectual no ambiente digital é paradoxalmente má para todos: autores, editores, bibliotecas e utilizadores/consumidores".[98]

Uma resposta ao dilema é oferecida por Jean Michel,[99] que descreve a temática das novas tecnologias de produção, processamento, difusão e exploração da informação digital. Segundo o autor, as novas tecnologias tendem a modificar as tradicionais práticas sobre o uso e a indústria da informação, contexto novo da era informacional ou da civilização digital que exige que a situação do direito do autor seja pensada em conjunto com o direito do usuário ou consumidor, o qual possui direito à informação, ao conhecimento e à cultura. O autor explora temas como o desenvolvimento de um novo direito *sui generis*, que visaria a proteger produtos e serviços de informação, como base de dados, buscando construir um direito que protegesse o investimento econômico, sem ter apoio no tradicional direito de autor. Surge, assim, maior debate sobre o instituto do "uso legal", ou *fair use*, existente nos países de sistema da *common law*, e o uso privado do copista, que utiliza obras protegidas no ambiente digital. O autor propõe, enfim, o necessário equilíbrio que deve existir entre os "direitos dos atores e dos espectadores da informação para o desenvolvimento do conhecimento e da democracia".

A lei autoral apresenta as limitações ao direito de autor dos artigos 46 a 48. É interessante comparar os artigos que tratam dos direitos patrimoniais, que traz disposições praticamente infinitas sobre as necessidades de autorizações, com os artigos que tratam dos limites ao direito de autor, que trazem disposições bem explícitas e limitadas. Em outras palavras, fora das disposições legais previstas, não existe limitações ao direito autoral; ou, fora das previsões, não há possibilidade de uso de obra intelectual sem autorização.

Entretanto, a doutrina tem desenvolvido as chamadas limitações extrínsecas ao direito de autor, entendendo que outras disposições legais podem servir como limite aos direitos dos autores, autorizando o uso público sem a correspondente contraprestação ou autorização prévia. Isso pode ser pensado em relação aos direitos fundamentais

---

[98] ORTELLADO, Pablo e MACHADO, Jorge. Direitos autorais e o acesso às publicações científicas. *Revista ADUSP*, agosto/06, p. 6-15. Disponível em: <http://www.adusp.org.br/revista/37/r37a01.pdf>. Acesso em: 20 de Set. de 2011.

[99] MICHEL, Jean. *Direito de autor, direito de cópia e direito à informação*: o ponto de vista e a ação das associações de profissionais da informação e da documentação. Trad. De Helio Kuramoto. Disponível em: <http://www.scielo.br/pdf/ci/v26n2/v26n2-4.pdf>. Acesso em: 30 de Ago. de 2011.

de acesso à informação, à educação e à cultura. Por outro lado, também as convenções internacionais, e em especial a Convenção de Berna, ratificada pelo Brasil inicialmente em 1922, traz outras limitações ao direito de autor, que poderiam ser aplicadas no Brasil em casos concretos.

De todo modo, o que a lei autoral limita, ou que pode ser utilizado sem necessária autorização prévia, não constituindo ofensa ao direitos autorais, pode ser:

a) a reprodução de notícias ou de artigo informativo, na imprensa, desde que mencionado o nome do autor caso venham assinados, e a fonte de sua transcrição;

b) discursos pronunciados em reuniões públicas;

c) a reprodução de retratos encomendados, se realizados pelo proprietário que o encomendou (desde que a pessoa retratada não se oponha, ou seus herdeiros);

d) também podem ser reproduzidas obras literárias, artísticas ou científicas, para uso exclusivo de deficientes visuais, sempre que a reprodução, sem fins comerciais, seja feita mediante o sistema Braille ou outro procedimento em qualquer suporte para esses destinatários.

Em relação à cópia privada, a legislação praticamente proíbe a reprodução, uma vez que o artigo 46, II, que trata do assunto, traz a possibilidade de reprodução, "em um só exemplar de pequenos trechos, para uso privado do copista, desde que feita por este, sem intuito de lucro". Uma leitura rápida poderia sugerir que a cópia privada estaria autorizada, entretanto, o próprio inciso indica os requisitos para a cópia sem autorização: é necessário que seja apenas uma cópia (um só exemplar); que seja apenas um pequeno trecho (o percentual não é indicado por lei); a cópia do pequeno trecho deve ser realizada pelo próprio copista ou interessado na cópia (não pode ser uma empresa que faz cópias, como na faculdade); e, finalmente, não pode haver intuito lucrativo (sendo que a empresa que faz cópias sempre tem o intuito lucrativo). Em função de tamanha restrição, muitas editoras têm buscado judicialmente ações para coibir as empresas que realizam cópias nas Universidades, causando grande espanto aos estudantes e professores, uma vez que, a princípio, a cópia para fins de estudo seria inerente ao bom senso, e vinculada ao direito fundamental de acesso a educação e cultura, considerando a grande dificuldade dos alunos conseguirem acesso a livros no Brasil. Essa, porém, é outra discussão. Fato é que os debates em torno da nova lei de direitos autorais são acalorados, uma vez que grande parte da sociedade deseja maior acesso a obras, com a possibilidade de cópia de pelo menos uma parte de um livro, por exemplo.

Do modo como a redação do artigo relativo à cópia privada está na lei, nem mesmo o *download* de uma música é permitido. Cada vez que alguém baixa uma música pela Internet está, obviamente, cometendo ato ilícito, uma vez que não se consegue fazer o *download* de parte de uma música, como exige o inciso II do artigo 46. Adiante, será tratado com mais cuidado a crítica necessária a essa questão, no item 6.1.7.

Ainda entre a liberdade de ação dos interessados em acessar obras intelectuais, sem a necessidade de autorização prévia do autor, encontramos a possibilidade (bastante óbvia, aliás) de "a citação em livros, jornais, revistas ou qualquer outro meio de comunicação, de passagens de qualquer obra, para fins de estudo, crítica ou polêmica, na medida justificada para o fim a atingir, indicando-se o nome do autor e a origem da obra" (inciso III do artigo 46).

Também é permitido, como não poderia deixar de ser, o "apanhado de lições em estabelecimentos de ensino por aqueles a quem elas se dirigem, vedada sua publicação, integral ou parcial, sem autorização prévia e expressa de quem as ministrou". Ridículo seria, efetivamente, se o aluno que assiste a uma aula não pudesse fazer suas anotações. Esse é mais um exemplo que comprova o quanto a lei é restritiva.

A lei autoriza, pelo menos, a "a utilização de obras literárias, artísticas ou científicas, fonogramas e transmissão de rádio e televisão em estabelecimentos comerciais, exclusivamente para demonstração à clientela, desde que esses estabelecimentos comercializem os suportes ou equipamentos que permitam a sua utilização". Isso significa que lojas que vendem aparelhos, CDs ou quaisquer suportes nos quais uma música possa ser fixada podem reproduzir a obra, para fins de demonstração à clientela do funcionamento do produto. Como pode ser observado, não se trata exatamente de uma concessão ou limitação ao direito, mas uma obviedade que faz sentido inclusive com respeito ao direito do consumidor. Também constitui uma obviedade, e em respeito ao interesse público e da boa administração da Justiça, "utilização de obras literárias, artísticas ou científicas para produzir prova judiciária ou administrativa" (inciso VII do artigo 46).

Pode-se considerar, entretanto, que as disposições dos incisos VI e VIII efetivamente representam uma limitação ao direito de autor. Nesse sentido, é autorizada "a representação teatral e a execução musical, quando realizadas no recesso familiar ou, para fins exclusivamente didáticos, nos estabelecimentos de ensino, não havendo em qualquer caso intuito de lucro" (inciso VI do artigo 46). Também é autorizada a "reprodução, em quaisquer obras, de pequenos trechos de obras preexistentes, de qualquer natureza, ou de obra integral, quando de artes plásticas, sempre que a reprodução em si não seja o objetivo principal da obra nova e que não prejudique a exploração normal da obra reproduzida nem cause um prejuízo injustificado aos legítimos interesses dos autores" (inciso VIII, do artigo 46). Nesse caso, costuma-se explicar que o uso da obra no contexto da obra maior não pode ser o objetivo principal da publicação.

Também são livres, finalmente, as "paráfrases e paródias que não forem verdadeiras reproduções da obra originária nem lhe implicarem descrédito" (artigo 47 da Lei 9.610/98). Nesse caso, entretanto, a paródia no Brasil fica bastante limitada, pois quem faz uma paródia nunca tem a segurança suficiente de que efetivamente a transformação realizada será aceita como tal, uma vez que a legislação coloca como requisito que essa transformação criativa não constitua descrédito para a obra original, quando, tradicionalmente, a paródia já é uma recriação cômica, que visa, como crítica livre, tornar engraçada a representação, ou ainda, constituir uma recriação cômica.

Além disso, costuma ser muito aplicado em nossos tribunais o artigo 48, que autoriza a reprodução de obras "situadas permanentemente em logradouros públicos". Nesse caso, elas podem ser representadas livremente, por meio de pinturas, desenhos, fotografias e procedimentos audiovisuais.

6.1.6. Sanções cíveis para violações a direitos autorais

Aqui serão apresentadas apenas as sanções cíveis, uma vez que as sanções penais são tratadas adiante, no capítulo referente aos crimes digitais. As sanções cíveis são aquelas que implicam a obrigação de pagar alguma indenização ou multa ou envolvem uma obrigação de fazer ou deixar de fazer algo.

Nesse sentido, se a obra for "fraudulentamente reproduzida, divulgada ou de qualquer forma utilizada", o autor ou titular dos direitos poderá requerer a apreensão dos exemplares reproduzidos ou a suspensão da divulgação, sem prejuízo da indenização cabível (artigo 102 da Lei 9.610/96).[100]

---

[100] Os casos de pirataria podem levar a condenação cível, mas também a condenação penal, como adiante será visto, nos crimes digitais. Aqui, um exemplo, de todo modo, de aplicação de pena de prisão por ofensa a direitos autorais. A decisão tratou de crime de violação de direito autoral, com reprodução de CDs, e DVDs falsos. No caso, o réu foi condenando pela prática do delito previsto no artigo 184, § 2º, do Código Penal, às penas de 02 (dois) anos de reclusão, em regime aberto, substituição da pena privativa de liberdade em restritiva de direitos e multa. Segundo a ementa (resumo do acórdão), "não deve ser reconhecido o erro de proibição, quando verificado que é perfeitamente possível ter a consciência da ilicitude da conduta, através de divulgação na mídia sobre a falsifica-

Além disso, quem "editar obra literária, artística ou científica, sem autorização do titular, perderá para este os exemplares que se apreenderem e pagar-lhe-á o preço dos que tiver vendido." Se não for conhecido o número de exemplares que constituem a edição fraudulenta, o transgressor pagará o valor de três mil exemplares, além dos apreendidos (conforme artigo 103 e seu parágrafo único).

Prática de venda, exposição à venda, ocultação, aquisição, distribuição ou, ainda, manutenção em depósito para fins de venda, obtenção de ganho, vantagem, proveito, lucro direto ou indireto, para si ou para outrem serão condenados de modo solidário com o contrafator. No mesmo sentido, também o importador e o distribuidor responderão como contrafatores em caso de reprodução no exterior (artigo 104 da Lei 9.610/98).

Têm se tornado cada vez mais comuns casos em que *sites* reproduzem sem autorização imagens ou fotografias protegidas pelo direito de autor. Conforme decisão do Tribunal de Justiça do Rio Grande do Sul:

> 1. DANO MATERIAL. *QUANTUM* DEVIDO. Sendo conhecido o número de fotografias indevidamente utilizadas no *site* da ré e estando demonstrado, por meio dos orçamentos juntados, o valor correspondente ao uso indevido de cada uma das imagens, mostra-se dispensável a aplicação do art. 103, parágrafo único, da Lei 9.610/98. *Quantum* indenizatório majorado para R$ 7.006,16 (sete mil e seis reais e dezesseis centavos). Apelo da autora provido.
> 2. DANO MORAL. CONFIGURAÇÃO. Incontroversa a supressão do nome da autora da fotografia, em nítida ofensa às disposições da lei de direitos autorais, resta caracterizado o dano moral *in re ipsa*. Precedentes jurisprudenciais. Sentença reformada, no tópico.
> 3. *QUANTUM* INDENIZATÓRIO. FIXAÇÃO. Na fixação da reparação por dano extrapatrimonial, incumbe ao julgador, atentando, sobretudo, para as condições do ofensor, do ofendido e do bem jurídico lesado, e aos princípios da proporcionalidade e razoabilidade, arbitrar *quantum* que se preste à suficiente recomposição dos prejuízos, sem importar, contudo, enriquecimento sem causa da vítima. A análise de tais critérios, aliada às demais particularidades do caso concreto, conduz à fixação do montante indenizatório em R$ 9.000,00 (nove mil reais), corrigidos monetariamente, pelo IGP-M, a contar da data desta sessão até o efetivo pagamento, e acrescidos de juros legais, a partir do evento danoso. Súmula 54 do STJ.[101]

ção de CDs e DVDs e as campanhas de combate à pirataria. (Apelação-Crime nº 70040586539, Quarta Câmara Criminal, TJRS, Des. Gaspar Marques Batista, relator, julgado em 31/03/2011.)

[101] Apelação Cível n. 70020870218, Décima Câmara Cível, TJRS, Des. Paulo Roberto Lessa Franz, relator, julgado em 25/08/2008. O mesmo acórdão faz as seguintes indicações de casos similares e precedentes:
DIREITO AUTORAL. FOTOGRAFIA. OBRA INTELECTUAL. AUSÊNCIA DE AUTORIZAÇÃO DE UTILIZAÇÃO POR PORTE DO CRIADOR DA OBRA. UTILIZAÇÃO EM *BANNER*. DANO MORAL E DANO MATERIAL.COMPENSAÇÃO. *QUANTUM*. CRITÉRIOS DE FIXAÇÃO. Ação em que a parte busca a reparação por dano moral e por dano material, decorrente da utilização de obra intelectual "fotografia" sem a autorização explícita. Dano moral configurado. Necessidade de

Também poderão ser determinadas judicialmente a suspensão ou interrupção de transmissões ou retransmissões, por qualquer meio ou processo, e a comunicação ao público, de obras artísticas, literárias e científicas, ou de interpretações e de fonogramas, realizadas mediante violação aos direitos de seus titulares. Ainda nos termos do artigo 105 da Lei 9.610/98, essa interrupção ou suspensão poderá ocorrer sem prejuízo da multa diária pelo descumprimento e das demais indenizações cabíveis, independentemente das sanções penais aplicáveis. A multa poderá ser aplicada em dobro caso se comprove que o infrator é reincidente na violação aos direitos dos titulares de direitos de autor e conexos.

Outros dispositivos se dirigem a atos que tentem subornar o acesso a obras, em especial a quem tentar eliminar dispositivos tecnológicos que impeçam a cópia de uma obra. Nesse sentido, poderá ocorrer responsabilização por perdas e danos, nunca inferior ao valor que resultaria da aplicação do disposto no artigo 103 da lei autoral, quem "alterar, suprimir, modificar ou inutilizar, de qualquer maneira, dispositivos técnicos introduzidos nos exemplares das obras e produções protegidas para evitar ou restringir sua cópia".[102]

Nos casos em que a violação consista na omissão do nome ou pseudônimo do autor e do intérprete, a decisão condenará, além de perdas e danos, também à divulgação da identidade do autor. Se quem omitiu o nome for empresa de radiodifusão, terá que fazer a divulgação no mesmo horário em que tiver ocorrido a infração, por

---

retribuição material pelo uso da obra. Montante da compensação pelo dano moral que deve ser fixado segundo o princípio da razoabilidade, analisadas as circunstâncias do caso concreto. Montante majorado para R$ 6.000,00, a fim de tornar-se consentâneo com a realidade dos fatos, bem como com os parâmetros adotados pela Câmara. Dano material. Retribuição fixada em R$ 2.000,00. Apelo provido. (Apelação Cível nº 70023790702, Décima Câmara Cível, Tribunal de Justiça do RS, Relator: Paulo Antônio Kretzmann, Julgado em 24/07/2008).
RESPONSABILIDADE CIVIL. DANOS MORAIS. INDENIZAÇÃO. DIREITO AUTORAL. FOTOGRAFIA. PUBLICAÇÃO COM SUPRESSÃO DOS CRÉDITOS. AUTORIA. COMPROVAÇÃO. NEXO CAUSAL CONFIGURADO. *QUANTUM*. CRITÉRIOS DE FIXAÇÃO. 1 Ação que visa a reparação do dano moral e patrimonial decorrente da publicação de fotografia, cuja autoria restou suprimida nos créditos. A prova carreada nos autos denota que a elaboração do trabalho fotográfico deu-se por obra do autor. Afronta aos direitos autorais do autor da obra. Hipótese que dá azo à aplicação da Lei nº 9.610/98. Nexo causal configurado a ensejar a reparação do dano.2 – Do julgamento *ultra petita*. Arbitramento em montante superior ao postulado na inicial. Malferimento do princípio da vinculação. CPC art. 460. Adequação da sentença. Circunstância que não impregna de nula a decisão. Apelo da ré parcialmente provido, apelo do autor improvido. (Apelação Cível nº 70017176835, Décima Câmara Cível, Tribunal de Justiça do RS, Relator: Paulo Antônio Kretzmann, Julgado em 24/05/2007).

[102] Também na mesma penalidade incorrerá quem "alterar, suprimir ou inutilizar, de qualquer maneira, os sinais codificados destinados a restringir a comunicação ao público de obras, produções ou emissões protegidas ou a evitar a sua cópia; suprimir ou alterar, sem autorização, qualquer informação sobre a gestão de direitos; distribuir, importar para distribuição, emitir, comunicar ou puser à disposição do público, sem autorização, obras, interpretações ou execuções, exemplares de interpretações fixadas em fonogramas e emissões, sabendo que a informação sobre a gestão de direitos, sinais codificados e dispositivos técnicos foram suprimidos ou alterados sem autorização" – tudo nos termos do artigo 107 da Lei 9.610/98.

três dias consecutivos; se for o caso de uma publicação gráfica ou fonográfica, deverá ocorrer a inclusão de errata nos exemplares ainda não distribuídos, sem prejuízo de comunicação, com destaque, por três vezes consecutivas em jornal de grande circulação, dos domicílios do autor, do intérprete e do editor ou produtor. Finalmente, se ocorrer a ofensa através de outra forma de utilização, a comunicação do nome do autor deverá ocorrer através da imprensa, na forma anterior.

Têm ocorrido sistematicamente pedidos judiciais do ECAD (Escritório Central de Arrecadação e Distribuição)[103] de cobrança por música sonorizada em ambientes de circulação coletiva. O ECAD ingressa na Justiça buscando o pagamento pela transmissão da música que não teve pagamento antecipado. Quando isso acontece, a legislação o autoriza a pedir a aplicação de uma multa altíssima, referente a vinte vezes o valor que deveria ter sido originalmente pago. Algumas decisões têm corajosamente se negado a aplicar essa multa (prevista no artigo 99 da Lei 9.610/98), obviamente excessiva.[104]

Importante, finalmente, destacar que, havendo violação de direitos autorais, em especial em espetáculos e audições públicas, seus proprietários, diretores, gerentes, empresários e arrendatários respondem solidariamente com os organizadores dos espetáculos.

6.1.7. Críticas à atual proteção – desespero enciclopédico da Lei Autoral brasileira[105]

No início da década de 1970, o Pe. Bruno Jorge Hammes fazia seu doutoramento em Munique, na Alemanha, analisando as exigências

---

[103] Ver em <www.ecad.org.br>.

[104] As decisões judiciais muitas vezes aplicam várias sanções. Nesse sentido, um acórdão definiu indenização por plágio de um projeto de pesquisa. A acusação indicou que o contrafator utilizou-se do texto da apelada e não citou a fonte, configurando o plágio. A condenação foi de R$ 5.000,00 (cinco mil reais) a título de indenização por danos morais, incidência de correção monetária pelo IGP-M e juros moratórios de 12% ao ano, a partir da data do julgamento. Ainda, condenou o réu a publicar errata, por três vezes consecutivas, em revista de expressão no meio pedagógico, identificando a autoria dos trechos copiados e ao pagamento integral das despesas processuais e dos honorários advocatícios fixados em 20% sobre o valor atualizado da condenação (Apelação Cível nº 70034204941, Décima Câmara Cível, Tribunal de Justiça do RS, Des. Jorge Alberto Schreiner Pestana, relator, julgado em 28/04/2011).

[105] Artigo publicado no livro como merecida homenagem a um dos primeiros autoralistas do Brasil, Pe. Bruno Jorge Hammes (KRETSCHMANN. Ângela. A transição legal e desespero enciclopédico da Lei Autoral brasileira In: *Direito da Propriedade Intelectual*: estudos em homenagem ao Pe. Bruno Jorge Hammes. WACHOWICZ, Marcos; ADOLVO, Luiz Gonzaga. Curitiba: Juruá, 2015). As histórias que cercam a trajetória do Pe. Bruno Jorge Hammes estão em sua grande parte vinculadas a sua dedicação religiosa e a sua atividade como professor, tendo lecionado disciplinas como Introdução ao Estudo do Direito e Direito das Coisas, entre outras, até chegar ao Direito da Propriedade Intelectual, disciplina que lutou para criar e tornar obrigatória na Universidade (Unisinos) na qual atuou durante toda sua vida.

de formalismo no Direito Autoral, mais especialmente, as exigências de forma para a concessão de proteção a uma obra intelectual. Contava que foi surpreendido em 1973, quando finalizava sua tese, com o advento da Lei 5.988/73, que tratou a questão, finalmente, de forma muito clara, prevendo a facultatividade do registro de obras intelectuais protegidas pela Lei. Até então a discussão era acalorada, principalmente devido ao lastro de debate deixado entre Clóvis Bevilácqua e Solidônio Leite, detalhes que não deixou de explorar com maestria em sua tese de doutoramento, publicada no Brasil sob o título "Elementos Básicos de Direito Autoral Brasileiro".

A escolha do tema tem em vista justamente recuperar um pouco aquele período de convivência em que ele foi, em momento de maturidade intelectual, surpreendido pela chegada inesperada de uma nova legislação em matéria autoral. O que contava, contava a todos, e a todos também surpreendia, pois todos podiam e podem imaginar a situação de um doutorando, que passa alguns anos desenvolvendo uma tese que envolve a crítica a uma situação de formalidade (e ele era avesso a qualquer burocracia, o que também justificava sua luta contra as formalidades na proteção dos direitos autorais). Quando estava prestes a entregá-la, é informado, por um amigo, que no Brasil há nova lei de direitos autorais que acaba com as formalidades. Teve então que atualizar a tese que nem sequer tinha sido defendida, às pressas, do contrário tornava-se doutor com base em "algo que já estava velho", como explicava.

Depois de 1973, com o advento dessa Lei que o surpreendeu (Lei 5.988/73), passou a se dedicar aos direitos de propriedade intelectual, ampliando seu campo de estudo, também para a propriedade industrial. Dedicou-se a fomentar o ensino da propriedade intelectual e chegou a fazer uma seleção de professores para a disciplina, entre os que cursaram especialização criada especialmente para o tema. Esse grupo de professores que começou a lecionar no início da década de 1990 passou então por situação similar, tendo sido também surpreendido em 1998 com a chegada da Lei 9.610/98. Lembro perfeitamente de estar lecionando e ser surpreendida com as notícias nos jornais da aprovação de uma nova lei de direitos autorais, sendo necessário correr para atualizar as aulas diante da nova mudança legal. A sensação foi como se do espaço sideral tivessem jogado um lixo cósmico direto na crosta terrestre.

A situação não se repete agora, felizmente. O Brasil já superou a fase da ditadura onde não se discutiam as leis publicamente, não eram realizadas consultas públicas (os computadores pessoais tinham apenas começado a se alastrar), e a Internet ensaiava alguns passos.

Agora consultas públicas são uma realidade mais concreta e mais próxima de todos (a promulgação da Lei 9.610/98 também foi precedida de consultas públicas, mas muito mais limitadas), e os legisladres podem tentar fazer valer interesses específicos de determinados grupos, mas é cada vez mais difícil fazer de conta que não se escuta a voz que vem das consultas, a voz que vem das redes sociais, a voz intensa que vem dos profissionais e autores aos quais a lei, nesse caso, se destina.

Após analisado o vínculo político-econômico relacionado a interesses específicos que alcançaram a aprovação das leis autorais no Brasil, o que é realizado justamente para expor (colocar a descoberto) os motivos pelos quais o texto expressa determinada normatividade,[106] será enfrentada a questão central do presente artigo, que por razões óbvias vincula-se também à situação histórica, política e cultural que as originaram, e que assim, também forneceram elementos bastante estranhos para um texto legal, surpreendendo por uma segunda vez, principalmente, o aplicador – lembrando que compreender é aplicar,[107] que não se aplica sem compreender, que a pergunta sempre se antecipa à resposta, na esteira de Gadamer.

6.1.7.1. As razões político-econômicas do surgimento da lei autoral de 1998

Não é comum que se tome por objeto a análise de uma lei que pode a qualquer momento ser revogada. Na realidade, o objeto principal do artigo é contribuir para uma visão mais clara acerca dos motivos pelos quais textos bastante controvertidos da Lei 9.610 foram nela incluídos, e a partir dos quais a normatividade se refletiu em uma espécie de esmagamento de quaisquer direitos que pudessem entrar em confronto com o direito autoral. Essa clarificação também possibilita que se compreenda a evolução do texto – e também da norma, na realidade brasileira, afinal, as circunstâncias de aprovação de uma Lei dizem muito acerca não apenas do seu nascimento, mas também das razões pelas quais determinados interesses foram claramente prestigiados no texto legal – ainda que circunstâncias futuras possam envelhecer um texto e clarificar uma normatividade nova.

---

[106] Lembrando da diferença ontológica entre texto e norma: a norma é sempre produto da interpretação do texto, do contrário caímos na antiga subsunção. O texto é um texto, mas a norma sempre é resultado da aplicação – que pressupõe a compreensão do seu sentido. E afinal, isso não prova, apenas exemplifica: muitas vezes uma lei é interpretada conforme uma vinculação até constitucional, mas pode acontecer de uma nova compreensão abrangente trazer para o contexto do texto uma fundamentalidade nova.

[107] GADAMER, Hans-Georg. *Verdad y metodo*. Sígueme: Salamanca, 1994. 2. ed., v. I, trad. Ana Agud Aparicio y Rafael de Agapito, p. 697.

Existem sempre circunstâncias que definem a aprovação de uma legislação. Discute-se a reforma da Lei Autoral pelo menos há dez anos. Não obstante os resultados concretos, até o momento, deixarem a desejar em alguns aspectos, fato é que já ocorreram mudanças por conta da própria movimentação popular e crítica à legislação, como a recente alteração vinculada ao ECAD.

Situação essa que se mostra bastante distinta ocorreu com o surgimento da Lei 9.610, em 1998, quando pouco debate público se estabeleceu, e sua aprovação para muitos ocorreu repentinamente. De todo modo, para toda aprovação de uma Lei sempre há uma boa explicação, nem sempre explícita, e às vezes até mesmo difícil de ser exposta. Considerando as mudanças políticas ocorridas no Brasil, a própria análise comparativa dos fundamentos e características de cada proteção legal em suas diversas épocas históricas é muito reveladora dos interesses que sempre circulam a aprovação de qualquer legislação.

Na realidade, acostumando-se a uma época pós-ditadura, a abertura do mercado e o interesse em ampliar o comércio internacional se fez presente em especial em algumas matérias, como na propriedade intelectual. Se por um lado as propostas iniciais de reforma legal da lei autoral partem já do final da década de 1980, a lentidão e pouco debate público é uma marca da mesma. Nesse sentido, uma lentidão no encaminhamento que contrasta com a agilidade na aprovação, se comparados o início da proposta e a sanção final.

O começo deu-se com a proposta, em junho de 1989, de Projeto de Lei do Senado, nº 249/89, partindo do Senador Luiz Viana. Já em março de 1990 obteve aprovação pela Comissão de Constituição e Justiça, levou o número 5.430 ao ser encaminhado à Câmara dos Deputados. O projeto original do Senado recebeu ainda 33 projetos que foram apensados, e o então Deputado Aloysio Nunes Ferreira teve que formatar o texto final, que após 7 anos, passando por uma Comissão Especial presidida pelo deputado Roberto Brant, que apresentou substitutivo, que passou por consultas técnicas e também por um processo de "articulação política" que visava alcançar a sua aprovação. Vanisa Santiago (2003, p. 9) reforça a crítica sobre a "forma acelerada com que havia sido votado naquela casa", referindo-se ao Senado novamente, que recebeu o projeto de volta da Câmara com supressões, aprovando-o, rapidamente, dado o regime de "urgência urgentíssima" que recebeu. Afinal, apenas 4 horas foram suficientes para sua aprovação na Câmara dos Deputados, antes de retornar ao Senado – aprovado em 4 de fevereiro, por uma convocação extraordinária pois era período de recesso do Legislativo... Assim, com toda essa pressa, apenas 15 dias depois, a Lei 9.610 foi sancionada, em 19 de fevereiro de 1998, pelo então Presidente da República Fernando Henrique Cardoso, tendo a publicação ocorrida no Diário Oficial da União em 20/02/98. A entrada em vigor foi prevista para 120 dias após a publicação, sem esquecer que na ainda com mais pressa foi aprovada a Lei 9.609/98, relativa ao software.

As razões da aprovação da Lei 9.610/98 em substituição à Lei 5.988/73 devem ser buscadas em um primeiro plano nas relações econômicas da época, em especial com os Estados Unidos, e até mesmo no interesse brasileiro em exportar laranjas. Parece inacreditável que uma Lei venha a ser aprovada dadas pressões externas, mas vale a pena investigar, não apenas os fundamentos jurídicos da mudança, mas também as causas político-econômicas. Isso tudo para chegar adiante na abordagem dos diversos aspectos que podem ser chamados de poético-místicos, do conteúdo legal, talvez raramente encontráveis em outras leis do gênero.

Como destaca Denis Borges Barbosa (2010, p. 81), a propriedade intelectual se liga estreitamente com o poder econômico, "não estamos, simplesmente, no campo das liberdades, mas no dos poderes". E nesse sentido, o próprio sistema de propriedade intelectual é necessariamente internacional. É conhecida a ofensiva americana com sanções econômicas a países que não se conformassem com seus propósitos de proteção extrema dos direitos (deles, americanos) de propriedade intelectual.

É nesse sentido que as discussões sobre a proteção autoral escaparam do âmbito da Organização Mundial da Propriedade Intelectual e foram parar no campo da Organização Mundial do Comércio, e com a Rodada Uruguai veio o Acordo Geral de Tarifas e Comércio, TRIPS, como atos internacionais que buscaram se impor ao sistema interno, inclusive reivindicando posição do Judiciário. Denis Borges Barbosa (2010, p. 154) salienta que mesmo que o contexto internacional tenha levado o Poder Executivo a reavaliar a legislação, isso não conduz a uma inconstitucionalidade, pois após a aprovação pelo Congresso Nacional os atos internacionais são constitucionalmente suscetíveis de integração ao sistema nacional.

Não obstante o Acordo TRIPS determinar, logo em seu início, que ele representa um mínimo de direitos que devem ser garantidos aos titulares, e que não há aplicabilidade imediata do acordo, que deverá ser implementada levando em conta os sistemas constitucionais dos estados-membros, fato é que vozes se ergueram afirmando que o Acordo já se incorporara ao direito interno brasileiro desde janeiro de 1995 (por exemplo, assim se pronunciou a ABAPI),[108] enquanto o próprio INPI já tinha emitido parecer entendendo que o Brasil só estaria obrigado ao Acordo a partir de 1º/1/2000, aproveitando os cinco anos de graça que foram concedidos aos "países em desenvolvimento".[109] Por outro lado, como já em 1996 o Brasil adota nova Lei de Propriedade Industrial, e logo em 1998 nova Lei de Direitos Autorais (Lei 9.610/98) e de Softwares (Lei 9.609/98), acabou abrindo mão daquele prazo que se estendia até o ano de 2000, pois antecipou-se a ele, aprovando antes do final do prazo, novas leis de propriedade intelectual. O Acordo previu a necessidade, no caso do direito de autor, de leis internas envolvendo bases de dados e software, o que fez com que países vinculados ao Acordo tivessem que correr na atualização de suas leis.

Como destaca Dubeux (2010),[110] a nova Lei de Patentes, de 1996 "não fez uso do prazo de carência previsto no Acordo TRIPS", sendo que o país "teria o prazo até o ano de 2004 para se ajustar à nova legislação, a fim de permitir que as indústrias locais se adaptassem às novas condições de competitividade". A antecipação do prazo de validade do Acordo TRIPS gerou inúmeras críticas, o que se revela como uma fuga das sanções americanas.

É possível constatar que há efetivamente a busca de um equilíbrio de interesses a partir do TRIPS, mas de outro lado, não é possível negar que a proteção da propriedade intelectual é um foco privilegiado,[111] sendo possível admitir que efetivamente os novos acordos e Leis que surgiram a partir do TRIPS visavam antes reforçar os direitos dos titulares dos direitos vinculados a propriedade intelectual, lembrando que o Acordo prevê que seus membros cooperarão entre si para eliminar o comércio de bens que violem direitos de propriedade intelectual.

Fato pouco contestável relaciona-se às pressões dos Estados Unidos para que o Brasil adotasse maior rigidez em matéria legal de Propriedade Intelectual. Na década de 1980 as pressões aumentam, incluindo ameaças de retaliação e inclusão do país entre os "piratas", a chamada *Priority Watch List.* Os Estados Unidos chegaram a alterar a própria legislação interna, a Seção 301 da Lei de Comércio (*Trade Act*, de 1974) em 1984, e a partir de então até mesmo ação unilateral

---

[108] Revista da ABPI, nº.29 (1997) p. 52.

[109] Parecer DIRPA nº 01 de 1997).

[110] DUBEUX, Rafael Ramalho. Um balanço da evolução recente das leis de patentes no Brasil: os efeitos do Acordo TRIPS. Jus Navigandi, Teresina, ano 15, n. 2612, 26 ago. 2010. Disponível em: <http://jus.com.br/artigos/17269>. Acesso em: 22 jun. 2014.

[111] BASSO, Maristela *O Direito Internacional da Propriedade Intelectual*. Porto Alegre: Livraria do Advogado, 2000, p. 167.

tornou-se legalmente possível. Não se estranha que com a inclusão do Brasil na lista dos "Piratas", logo a seguir novas leis de Propriedade tenham sido aprovadas. Em teoria, é a vitória do jogo pesado do realismo sobre a diplomacia, uma vez que conseguindo o que quer, de modo unilateral, e pela força, enfraquece as condições de negociação que sempre são mais justificáveis. Prática essa que também na década de 2000 não diminuiu, como destaca Langevin (2006),[112] quando várias importações brasileiras continuaram sofrendo barreiras e práticas de compensação de impostos e *antidumping*, envolvendo aço, ferro, concentrado de laranja e etanol.[113]

Ao final, mesmo as tentativas de escapar da acusação de uma ação agressiva e unilateral, que dispensa qualquer política diplomática, com abertura ao diálogo e participação em "diálogos" e reuniões como a da "Cúpula Mundial sobre Desenvolvimento Sustentável" não escaparam de severas críticas, como de Vandana Shiva (2002),[114] destacando que se trata de uma disputa entre os que querem "possuir e subjugar o planeta e aqueles que querem viver de acordo com as leis do planeta, e proteger sua riqueza para que seja compartilhada por todos agora e salva para as futuras gerações". Chega a mencionar o "choque de civilizações" originariamente exposto por Samuel Huntington.[115] Nesse sentido, as leis de propriedade intelectual são um bom exemplo de uso do poder econômico para imposição de novos sistemas normativos – que apenas favoreçam os países que ameaçam com retaliações.

É possível constatar que o direito internacional econômico até apresentou maior tendência para negociações, diante dos conflitos, o realismo passa a constituir uma preponderância na medida em que os países vão preferir subordinar outros a partir da coerção. E é a partir dela que países mais fortes foram impondo normas aos países mais

---

[112] LANGEVIN, Mark. Será que as laranjas e a cana-de-açúcar da Flórida azedam o livre comércio? uma análise de ratificação de nível II da política comercial dos Estados Unidos com o Brasil. *Contexto int.*, Rio de Janeiro, v. 28, n. 1, J une 2006. Tradução de Marisa Gandelman. Disponível em: <http://dx.doi.org/10.1590/S0102-85292006000100003>. Acesso em: 24/06/2014.

[113] SADER, Emir. *Carta Maior*. Alerta laranja nos Estados Unidos. 02/06/2003. Disponível em: <http://www.cartamaior.com.br/?/Coluna/Alerta-laranja-nos-EUA/18827>. Acesso em: 14/06/2014.

[114] SHIVA, Vandana. Cúpula da Terra: o Norte ordena marcha-à-ré. Disponível em: <http://www.anbio.org.br/site/index.php?option=com_content&view=article&id=420:-cupula-da-terra-o-norte-ordena-marcha-a-re&catid=66:biodiversidade&Itemid=61>. Acesso em 14/06/2014. A autora ainda destaca: "... tenta-se usar a Cúpula Mundial sobre Desenvolvimento Sustentável para promover a agenda da OMC que não pode ser levada adiante pela própria organização e que representa um gigantesco passo atrás em termos de direitos dos cidadãos, da responsabilidade dos governos e das empresas."

[115] HUNTINGTON, Samuel. *The clash of civilization and the remaking of world order*. New York: Touchstone, 1997.

fracos, em especial vinculados à agricultura e à propriedade intelectual. Neste caso, destacam-se três grandes grupos: os produtores de tecnologia (EUA, França, Reino Unido, Holanda, Japão e Alemanha, com 83% das inovações), os adaptadores e os excluídos da produção. A estratégia contra o Brasil é digna de registro: o país foi ameaçado com sanções unilaterais se não mudasse suas leis de propriedade intelectual. O Brasil resistiu, então foram impostas sanções severas, em especial vinculadas ao suco de laranja concentrado, lâminas de aço e eletroeletrônicos (Varella e Silva, 2006. p. 30) retaliações que teriam durado até 1991, quando o executivo apresentou um projeto de propriedade intelectual. O projeto, entretanto, não foi logo aprovado, de maneira que as ameaças persistiram até que não foi mais possível esquivar-se da aprovação, com a Lei 9.279 em 1996, a Lei 9.610 e a Lei 9.608, ambas de 1988.

Dada essa retrospectiva histórica, é possível avançar na questão da Lei Autoral, que não escapou também de pressões similares, de *lobbies* de indústrias culturais que buscaram em várias oportunidades textuais destacar o domínio sobre o bem intelectual vinculado também às criações artísticas e literárias – e também sobre o *software*, que no Brasil se encontra sob proteção do Direito Autoral, expressamente pela Lei 9.610/98, mas também de modo especial, pela Lei 9.609/98.

6.1.7.2. O desespero enciclopédico da Lei 9.610/98

A Lei Autoral tem por objeto a proteção de obras intelectuais criativas, originais, porém, o que se pretende destacar aqui é justamente o modo como se usou o texto para expressar de modo muitas vezes lúdico uma proteção absurdamente exagerada. Paradoxalmente, pode parecer que o texto abraça a poesia para alcançar uma abrangência indeterminada, ou simplesmente busca abranger tudo como um desespero que lembra a época enciclopédica. A poesia retrata um texto em que muitas coisas acontecem dependendo da imaginação do autor e do leitor. E como ressaltou Gadamer (1994, p. 582), o "poeta é um vidente porque representa por si mesmo o que é, o que foi e o que vai ser, e atesta por si mesmo o que anuncia". Não é outra a impressão que se tem, às vezes, da leitura de alguns artigos da Lei, em especial o inciso X do artigo 29, que se destaca como o ápice de qualquer tentativa visionária, ou de outro lado, tentativa enciclopédica da lei.

Algumas situações apresentadas pela Lei chegam a ser esdrúxulas, como a que prevê os casos em que é necessária autorização do autor ou titular dos direitos para "qualquer utilização", mesmo para aquelas que ainda não foram inventadas.[116] Esse aspecto lembra diretamente a "busca incessante no sentido de alcançar um determinado estágio de disposição das matérias que se inspira nas ciências exatas",[117] e que foi encontrada nas codificações, levando o sistema jurídico a crises sequenciais, impondo um sistema de direito completo, total, fechado e coerente,[118] primeiros sinais de sistematização que iniciaram com o iluminismo, e se expressaram nas codificações a partir do final do século XVIII.[119] Um bom exemplo desse reflexo também pode ser ainda encontrado na Lei Autoral, mas esquecendo-se completamente que a Lei faz parte de uma ordem maior.

Isso obviamente remete a análise consoante a hermenêutica jurídica, que pode efetivamente, em um processo compreensivo, e ao respeitar a diferença ontológica entre texto e norma, deixar que o texto fale, porém, também deixar que a norma surja dentro do seu contexto histórico-constitucional, para dizer apenas o mínimo.[120]

Por mais "poético-trágico" que o texto possa parecer, e por mais que a norma seja de modo inevitável resultado da interpretação do texto, ela será sempre aplicação, pressupondo a compreensão do seu sentido não apenas no contexto exclusivista – como pretendiam muitos – da Lei Autoral, mas inclusivista, lembrando do contexto em que se insere, do Estado Democrático de Direito e de uma Constituição comprometida com a cidadania. Isso sem esquecer que desde a descoberta da unidade interna entre compreensão e interpretação (pelo romantismo), ficou claro que a interpretação não é um ato complementar e posterior à compreensão, mas compreender é sempre interpretar, e por isso a interpretação é a forma explícita da compreensão, como restou claro com Gadamer (1994, p. 379), que deixa ainda mais clara a posição central da linguagem na filosofia.

---

[116] Daqui em diante a palavra será colocada entre aspas quando a intenção for justamente chamar atenção sobre ela, ou sobre uma expressão.

[117] ANDRADE, Fábio Siebeneichler de. *Da codificação – crônica de um conceito*. Porto Alegre: Livraria do Advogado, 1997. p. 25.

[118] Verificamos que historicamente desenvolveu-se, junto com a evolução da técnica de sistematização (ciência), a técnica de codificação, esta tendo como origem, também, o desenvolvimento dos Estados Absolutos, que no intuito de unificar o Direito buscaram garantir o Direito nacional através de um conceito de totalidade do Ordenamento Jurídico. Era uma forma eficiente de controle político. Uma única fonte do Direito, o Código, daria mais poder ao Estado Absoluto – a segurança jurídica ganha espaço (WELZEL, Hans. *Introducción a la filosofia del derecho*. Madrid: Aguilar, 1979. 2ª ed., 3ª reimp. Trad. De Felipe González Vicen, p. 119).

[119] WIEACKER, Franz. *História do direito privado moderno*. 2. ed. Trad. de A. M.Botelho Hespanha. Fundação Calouste Gulbenkian: Lisboa, 1993. p. 12-13.

[120] Ver KRETSCHMANN, Angela. O feudalismo no direito autoral: um mal necessário? In: *Direito Civil*: estudos em homenagem a José de Oliveira Ascensão – teoria geral do direito, bioética, direito intelectual e sociedade da informação. Vol. 1, José Fernando Simão, Silvio Romero Beltrão, coordenadores. Atlas: São Paulo, 2015. p. 169-189.

Inicialmente remete-se, portanto, aos destaques que chamam a atenção nesse sentido, como textos que se destacam pela sutileza e pela absoluta desconsideração dos próprios objetivos legais. São vários os aspectos que podem ser relacionados à Lei Autoral de 1998 e que podem ser vinculados a uma "poesia", como um texto que parece perder-se até em um certo misticismo inexplicável, e às vezes paradoxalmente dada a clareza de suas palavras.

Nessa linha cita-se inicialmente o *caput* do artigo 7º, que de maneira bastante poética envolve quase tudo o que se pode imaginar em torno de criações intelectuais: "São obras intelectuais protegidas as criações do espírito, expressas por qualquer meio ou fixadas em qualquer suporte, tangível ou intangível, conhecido ou que se invente no futuro, tais como...". Aqui pode-se destacar que: criações do espírito (com o auxílio do artigo 11, naturalmente, da pessoa), de qualquer modo expressas, fixadas ou não fixadas em um suporte, seja ele tangível ou não, conhecido, ou que ainda seja inventado no futuro. Do que se conclui que a Lei de maneira bastante abrangente visa proteger efetivamente praticamente tudo o que é criado, e que se conforme, ou que possua uma forma que seja criativa. A lei é ousada ao afirmar que também formas de expressão ainda desconhecidas podem vir a receber a proteção dela, que ela já está prevendo que não tem condições de prever.

Destaca-se a intenção de não deixar escapar criações intelectuais que eventualmente sejam produzidas, inesperadamente, ao alvedrio da condição de previsibilidade da lei, e de seus próprios limites, enquanto lei – o que é uma Lei? Um resultado temporal, em geral territorialmente bem localizado, como o caso da lei brasileira (que chega a ser mais abrangente do que os próprios tratados internacionais que buscaram impor uma base mínima de proteção).

Nem todas as situações previstas, entretanto, são elogiáveis, visto que algumas caem no ridículo ao tentar prever praticamente o possível e o impossível, inclusive literalmente.

Na maior parte dos casos a legislação estabelece situações imprevisíveis, mas que deseja prever, que deseja ao menos não deixar escapar de sua guarda, e para alcançar esse objetivo o uso das palavras é definitivamente rico, claro, e apesar do imenso desafio de prever o imprevisível, consegue também ser bastante objetiva.

Nesses casos destaca-se o artigo 29:

> Depende de autorização prévia e expressa do autor a utilização da obra, por "quaisquer modalidades", tais como: (...) Os casos que o artigo passa a listar são, como informa o próprio *caput*, meramente exemplificativos, e para que isso não deixe dúvidas, a própria lei deixa isso claro em várias situações, algumas muito difíceis de efetivamente

desvendar: é necessário autorização no caso de realização de adaptações, arranjo musical e "quaisquer outras transformações" (inciso III); a representação, recitação ou declamação (inciso VIII, a); emprego de alto-falante ou de "sistemas análogos" (que podem ser inventados no futuro, e a lei não pode prever o futuro, naturalmente, do inciso VIII, c); captação de transmissão de radiodifusão em locais de "frequência coletiva" (inciso VIII, e); a exibição audiovisual, cinematográfica ou por "processo assemelhado", que fica também para ser descoberto (inciso VIII, g); ainda o caso do "emprego de sistemas óticos, fios telefônicos ou não, cabos de "qualquer tipo" e meios de comunicação "similares que venham a ser adotados" (inciso VIII, i); finalmente, mas ainda não por último, a questão da necessária autorização para "inclusão em base de dados, armazenamento em computador, a microfilmagem e demais "formas de arquivamento do gênero" (gênero esse que também não se pode concluir com facilidade, inciso IX).

Surpreende finalmente o inciso X do artigo 29, que traz a redação mais inacreditavelmente abrangente, lembrando do *caput* do artigo, informando que:

Depende de autorização prévia e expressa do autor a utilização da obra, por "quaisquer modalidades", tais como: X – quaisquer outras modalidades de utilização existentes ou que venham a ser inventadas. Assim, temos que, de forma bastante clara, não obstante o artigo 29 ter incansavelmente buscado prever o imprevisível, ao final o inciso X não deixa dúvidas que "todo modo de utilização" depende de autorização, mesmo aquele modo inimaginável, e mesmo aquele modo não descrito na lei e mesmo aquele modo que "ainda venha a ser inventado.

Expressa bem Denis Borges Barbosa ao criticar a tentativa praticamente enciclopédica da Lei Autoral:

A Lei isenta do novo regime os "direitos de autor ou a direitos conexos" (para usar a expressão legal) de seu alcance – até que lei específica surja como aurora boreal. Por que mesmo? Quem sabe será fruto da doutrina monocromática da Propriedade Intelectual, religião em que os estudiosos miram o fenômeno das marcas, ou das patentes, ou dos cultivares – ou o direito do entretenimento – como se fosse isolado do resto da enciclopédia jurídica.[121]

Denis Borges Barbosa relembra ainda (Barbosa, 2010, p. 109) que o texto do dispositivo da lei brasileira que faculta apenas a "cópia de pequenos trechos" da obra para uso pessoal e sem fins econômicos do copista" está longe da tradição histórica e prática brasileira, pois criminaliza praticamente todo cidadão brasileiro – e sem que realmente beneficie o autor dos direitos, por impossibilidade de cobrança e fiscalização. Destaca o autor que uma interpretação razoável, atenta aos princípios da razoabilidade verá a inconstitucionalidade que uma aplicação literal do dispositivo pode gerar.

---

[121] BARBOSA, Denis Borges. Lei da Internet e as repercussões em PI (que não em direitos autorais). 24/04/2014, disponível em: <http://denisbarbosa.blogspot.com.br/2014/04/lei-da-internet-e-as-repercussoes-em-pi.html>. Acesso em 20/06/2014.

Também não é por outra razão que a conhecida "pirataria", que poderia ser entendida, como de fato era, a reprodução "de um grande número de cópias", acabou tornando-se um ato ilícito vinculado a qualquer cópia não autorizada. Uma transgressão só possível porque o termo "pirataria" sofreu uma extensão baseada em grande parte no *marketing* fortemente desenvolvido e praticado pelas indústrias da cultura.

Quando plágio começa a derrubar presidente, ou se adota a teoria conspiratória de que a *Motion Pictures Association* é uma sociedade secreta poderosíssima, ou é tempo de reler Nostradamus. O Armagedon vai ser uma ação de contrafação de proporções apocalípticas.[122]

Não é por nada que a Lei 9.610/98 foi considerada uma das mais rígidas do mundo, uma vez que praticamente não autoriza usos sem autorização do autor ou titular. O IP Watch List detectou que, entre 34 países comparados, o Brasil se classificou entre os piores, e entre os piores, ficou em 7º lugar.

Afinal, no caso da possibilidade de cópia, a Lei 9.610 simplesmente, no artigo que deveria tratar das limitações ao direito autoral, conseguiu impor proibir a cópia, a não ser que o interessado na cópia cumpra todos os requisitos que a redação bastante enxuta do inciso indica: Art. 46. Não constitui ofensa aos direitos autorais: II – a reprodução, em um só exemplar de pequenos trechos, para uso privado do copista, desde que feita por este, sem intuito de lucro. Ou seja: é possível fazer, por exemplo, o *download*, se o olhar do intérprete restar apenas sobre esse texto, de parte de uma música, pois a norma indica que não constituirá ofensa desde que: seja apenas um exemplar, de parte da obra (pequeno trecho), para uso privado do copista, feita por ele, sem intuito de lucro.

E é isso que também tornou possível que na atualidade editores tenham coragem de praticar preços totalmente sem sentido para autorização de uso de obras sobre as quais possuem titularidade de direito, descartando qualquer razoabilidade em uma negociação. Basta citar o caso envolvendo o documentário sobre o Chacrinha: a produtora Comunicação Alternativa Ltda propôs ação declaratória em face de Marola Edições Musicais Ltda, informando que desejava fazer uso de duas músicas em sua obra cinematográfica, "Alô, Alô, Terezinha", documentário sobre Abelardo Barbosa, conhecido como Chacrinha. Porém, ao entrar em contato para pedir autorização e pagar pelo uso, recebeu a informação de que o custo envolvia a soma astronômica

---

[122] BARBOSA, Denis Borges. Os crimes políticos da atualidade. 02/04/2012. Disponível em: <http://denisbarbosa.blogspot.com.br/2012/04/os-crimes-politicos-da-atualidade.html>. Acesso em 25/06/2014.

de R$ 472.000,00 (quatrocentos e setenta e dois mil reais! – cerca de $160.000 dólares americanos) – valor este que serviria para pagar pelo uso de 22 segundos da música "Bastidores", de Cauby Peixoto, e 21 segundos da música "Gente Humilde". Pior só se percebe se comparado valor exigido com o custo total do documentário, que era de R$ 984.629,62 (cerca de $ 330.000,00 dólares americanos).

A impressão que se tem é que em matéria de Direitos Autorais, porque se vive uma ditadura da Lei, não há nada mais a fazer. Na realidade, como nos lembra GADAMER, nem o jurista, nem o teólogo, veem na tarefa da aplicação uma liberdade frente ao texto (1994, p. 405), e o que é comum a todas as formas da hermenêutica é que o sentido que se trata de compreender só se concreta e se completa na interpretação, mas ao mesmo tempo esta ação interpretadora se vê amarrada no sentido do texto. Por outro lado, se "el ser que puede ser comprendido es lengaje", e por isso não falamos apenas de uma linguagem da arte, mas também de uma linguagem da natureza e inclusive uma linguagem das coisas (Gadamer, p. 568).

O que se pode compreender é linguagem. Isto quer dizer: é tal que se apresenta por si mesmo à compreensão – e o que é isso que se apresenta à compreensão do intérprete, se não é uma tentativa avassaladora de absolutizar um direito contra tudo e contra todos? Numa tentativa, inclusive, que obteve inúmeras vitórias na luta contra quaisquer outros direitos e garantias? E como um último respirar do ímpeto enciclopédico que se apoderou da Lei Autoral para fazer prever o todo das possibilidades e garantias exclusivamente a quem for autor ou titular de direitos sobre bens intelectuais, literários ou artísticos.

Se nossa Constituição Federal é mesmo dirigente, ela indica o caminho a seguir, mais do que indicar, ela faz o caminho, constitui o caminho, e que não pode ser obscurecido, e quando isso acontece resulta diretamente na inefetividade clara de direitos fundamentais como o acesso à cultura, informação e educação, provocado pelo intérprete que permanece com o olhar centrado exclusivamente na Lei Autoral.

A Lei Autoral pretende blindar a força da Constituição Federal, impor a ponta do iceberg e infelizmente impôs a si mesma como uma ponta de iceberg válida em detrimento do iceberg inteiro. Na impossibilidade de colisão em abstrato, claro que o caso em concreto (não "casos" em abstrato, para comparação com "o caso!) é que ditarão a resposta correta daquele caso. O recurso, finalmente, à hermenêutica filosófica pode superar esse muro erguido a fim de fazer valer um direito em detrimento de outros direitos fundamentais, independentemente de qualquer situação concreta que se apresente. E para evitar a "anemia significativa" apontada por Lenio Streck (2006, p. 249), a hermenêutica filosófica não quer ter a última palavra, mas evita ao mesmo tempo o subjetivismo (ou o sujeito que assujeita o objeto), de modo que o texto é o texto, a norma é a norma e o intérprete pode e deve perceber isso – ou seja, não pode fugir do texto para criar uma norma livremente, por mais que uma Lei, no caso a Lei 9610/98, pretenda não dar espaço algum para outros direitos – que estão na Constituição Federal. Parece simples, mas não é.

Felizmente, com a proliferação, ainda que lenta, da teoria hermenêutica, a jurisdição constitucional no Brasil vem recebendo maior força, e por isso é possível ver decisões que surpreendem o que se costumava encontrar por décadas em matéria de jurisprudência na área do direito autoral. Tradicionalmente, o ECAD vencia toda e qualquer ação de cobrança de Direitos Autorais, mas já temos decisões negando pedidos do ECAD e chamando o tipo de pretensão de uma verdadeira "aberração" jurídica.[123] A situação não é fácil, e promover a concretização da Constituição Federal como um caminho necessário que se impõe a toda e qualquer situação jurídica tem sido um processo lento, como um nascimento de uma visão que necessita muito exercício para se perfectibilizar, para compreender a Constituição Federal não como algo exterior ou uma terceira coisa que aparece ao intérprete, mas a coisa mesma pela qual a própria linguagem é compreendida.

O problema está em que é necessário amadurecer mais rápido para essas questões, compreendendo que o paradigma do positivismo jurídico está para lá de esgotado e que está na hora de sedimentar um novo compromisso com o Estado Democrático de Direito e seus princípios sedimentados de forma clara na Constituição Federal. Isso tudo sem cair do outro lado da moeda, em um decisionismo ou em um ativismo judicial.

O que importa é alcançar uma compreensão da Lei Autoral no contexto de uma Constituição que pertence a uma tradição que já se

---

[123] No caso, Apelação Cível nº 70016213365 do TJRS, de relatoria do Dr. Antônio Maria de Freitas Iserhard: "Não desconheço a posição já consagrada pelo Superior Tribunal de Justiça no sentido de que havendo sonorização ambiental em estabelecimento comercial, por via de retransmissão radiofônica, cabível a cobrança de direito autoral, assim, REsp 527580/RS e Súmula 63. Porém, no caso concreto, não vejo como reconhecer que a sonorização realizada pela demandada, em seu estabelecimento comercial, caracteriza-se como sonorização ambiental a respaldar a cobrança de retribuições devidas em razão de direitos autorais. É que, ao analisar a prova constante nos autos, em especial a foto de fl 54 e depoimento de fl. 85, verifico, sem sobra de dúvida, que captação de música pelo pequeno rádio não caracteriza elemento coadjuvante à atração de clientela, constituindo, na realidade, entretenimento para os próprios funcionários do estabelecimento. Assim, caso autorizássemos a cobrança dos direitos autorais aqui posta, estaríamos ratificando uma aberração, pois estaríamos autorizando a cobrança pelo ECAD dos direitos autorais de qualquer pessoa que escutasse música em estabelecimento comercial. Por tais razões, *nego provimento ao recurso*, mantendo na íntegra a sentença vergastada, inclusive no que tange à distribuição dos encargos de sucumbência". Julgado em maio de 2007.

pode dizer democrática, e isso deve ser respeitado, uma Constituição que aboliu direitos absolutos, e que prescreveu direitos fundamentais, não apenas ao lado, mas também antes dos direitos autorais (Sarlet; Kretschmann, 2013, p. 16), como o direito de acesso à cultura, informação e educação.

Atente-se que não se trata de ativismo judicial em matéria de direito de autor, mas simplesmente de reconhecer a própria função social do direito de autor ao lado de outros direitos fundamentais que não podem ser desconsiderados como se a Lei Autoral fosse uma ilha solitária em um país que busca firmar sua Constituição dirigente e compromissária. O problema é que o modo como o texto da Lei Autoral apresenta-se ao intérprete, parece buscar a todo custo evitar que o intérprete use de discricionariedade hermenêutica, o que é bom, uma vez que não se pretende aqui dar apoio à subjetividade do intérprete.[124]

6.2. Objeto de proteção do direito marcário

O modo como o direito de propriedade intelectual protege as criações envolve várias leis distintas, basicamente tendo em vista a distinção dos objetos protegidos. Nesse sentido, obras artísticas e literárias têm proteção garantida pela lei de direitos autorais. No caso das marcas, entretanto, a proteção vai ocorrer através da lei de propriedade industrial, que também tem como objeto de proteção as invenções, os modelos de utilidade e o desenho industrial. A proteção às marcas é o que mais pode interessar a gestores em geral, seja de negócios culturais, de tecnologia ou de serviços diversos, uma vez que a marca será o sinal através do qual haverá o reconhecimento de um produto ou serviço ofertado por uma empresa.

6.2.1. O que é marca?

Marca é o sinal visualmente perceptível que serve para identificar produto ou serviço e distingui-lo de outro idêntico ou semelhante que tenha outra origem. Um caso muito antigo envolvendo marcas no Brasil, aliás, o primeiro caso que surgiu em nosso país, serve desde então como bom esclarecimento dos motivos pelos quais a existência

---

[124] Para aprofundar a questão da interpretação legal, ver: KRETSCHMANN, Angela; CONCEIÇÃO, Celso; WIEDEMANN NETO, Ney; DRUMMOND, Victor. *Mostra de iniciação científica do cesuca – 2317-5915*, [S.l.], n. 9, p. 53-61, dez. 2015. ISSN 2317-5915. Disponível em: <http://ojs.cesuca.edu.br/index.php/mostrac/article/view/1001>. Acesso em: 04 set. 2017.

de proteção às marcas é fundamental. Ali se encontra estampado o princípio da especialidade, tão importante para o sistema de proteção marcaria.

O caso envolveu um famoso produto na época, o *rapé*, e acabou levando a um pedido de proteção legal *à marca*: o caso ocorreu em 1875, quando a marca *arêa preta* foi imitada e reproduzida por concorrentes, usando a marca, também para rapé, *arêa parda*. A comissão parlamentar da época, convocada para se manifestar, concluiu que não havia norma que pudesse ser utilizada para condenar quem utilizasse marca semelhante. Era necessário garantir o uso exclusivo de signos distintivos, e o caso fez surgir a primeira lei de marcas brasileira, a Lei 2.682, de 23/10/1875.

Para a legislação, marca de produto ou serviço é aquela usada para distinguir produto ou serviço de outro idêntico, semelhante ou afim, de origem diversa. As marcas podem ser nominativas, figurativas ou mistas, mas a lei também faz referência à marca coletiva, de certificação e à marca tridimensional.

A marca nominativa é constituída por uma ou mais palavras no sentido amplo do alfabeto romano, compreendendo, também, os neologismos e as combinações de letras e/ou algarismos romanos e/ou arábicos.

Já a marca figurativa é aquela constituída por desenho, figura ou qualquer forma estilizada de letra e número, ou qualquer forma estilizada de letra e número, isoladamente. A marca mista é o sinal que reúne caracteres do alfabeto romano com desenhos ou figuras ou, ainda, letras estilizadas com desenhos ou figuras.

A legislação brasileira explica que, no caso da marca tridimensional, a proteção concedida refere-se à forma plástica do produto ou de embalagem que tenha um diferencial, desde que seja dissociada de qualquer tipo de efeito técnico. A forma comum ou necessária não pode receber tal proteção. São exemplos concedidos de marcas tridimensionais a garrafa da Coca-Cola, o formato da caneta Bic e a forma do chocolate Toblerone.

A marca possui proteção na classe para a qual for requerida, seja de produto ou de serviço. Entretanto, há possibilidade de declaração de alto renome de uma marca, caso em que a marca registrada no país terá proteção em todas as classes de produtos e serviços. É o que aconteceu com os registros de Visa, Dacota, McDonalds, Omo etc.

Também existe a proteção especial concedida à marca notoriamente conhecida, que é aquela que, apesar de não ter registro no Brasil, tem proteção em função da Convenção de Paris, de modo que, nos termos do artigo 126 da Lei 9.279/96, "a marca notoriamente conhecida em seu ramo de atividade nos termos do art. 6° *bis* (I), da Convenção da União de Paris para Proteção da Propriedade Industrial, goza de proteção especial, independentemente de estar previamente depositada ou registrada no Brasil".

6.2.2. O que não pode ser registrado como marca

A Lei de Propriedade Industrial n° 9.279/96 não indica quais são os sinais registráveis. Já o artigo 124 indica os sinais que não poderão ser objeto de proteção marcária:

I – brasão, armas, medalha, bandeira, emblema, distintivo e monumento oficiais, públicos, nacionais, estrangeiros ou internacionais, bem como a respectiva designação, figura ou imitação;

II – letra, algarismo e data, isoladamente, salvo quando revestidos de suficiente forma distintiva;

III – expressão, figura, desenho ou qualquer outro sinal contrário à moral e aos bons costumes ou que ofenda a honra ou imagem de pessoas ou atente contra liberdade de consciência, crença, culto religioso ou ideia e sentimento dignos de respeito e veneração;

IV – designação ou sigla de entidade ou órgão público, quando não requerido o registro pela própria entidade ou órgão público;

V – reprodução ou imitação de elemento característico ou diferenciador de título de estabelecimento ou nome de empresa de terceiros, suscetível de causar confusão ou associação com estes sinais distintivos;

VI – sinal de caráter genérico, necessário, comum, vulgar ou simplesmente descritivo, quando tiver relação com o produto ou serviço a distinguir, ou aquele empregado comumente para designar uma característica do produto ou serviço, quanto à natureza, nacionalidade, peso, valor, qualidade e época de produção ou de prestação do serviço, salvo quando revestidos de suficiente forma distintiva;

VII – sinal ou expressão empregada apenas como meio de propaganda;

VIII – cores e suas denominações, salvo se dispostas ou combinadas de modo peculiar e distintivo;

IX – indicação geográfica, sua imitação suscetível de causar confusão ou sinal que possa falsamente induzir indicação geográfica;

X – sinal que induza a falsa indicação quanto à origem, procedência, natureza, qualidade ou utilidade do produto ou serviço a que a marca se destina;

XI – reprodução ou imitação de cunho oficial, regularmente adotada para garantia de padrão de qualquer gênero ou natureza;

XII – reprodução ou imitação de sinal que tenha sido registrado como marca coletiva ou de certificação por terceiro, observado o disposto no art. 154;

XIII – nome, prêmio ou símbolo de evento esportivo, artístico, cultural, social, político, econômico ou técnico, oficial ou oficialmente reconhecido, bem como a imitação suscetível de criar confusão, salvo quando autorizados pela autoridade competente ou entidade promotora do evento;

XIV – reprodução ou imitação de título, apólice, moeda e cédula da União, dos Estados, do Distrito Federal, dos Territórios, dos Municípios ou de país;

XV – nome civil ou sua assinatura, nome de família ou patronímico e imagem de terceiros, salvo com consentimento do titular, herdeiros ou sucessores;

XVI – pseudônimo ou apelido notoriamente conhecidos, nome artístico singular ou coletivo, salvo com consentimento do titular, herdeiros ou sucessores;

XVII – obra literária, artística ou científica, assim como os títulos que estejam protegidos pelo direito autoral e sejam suscetíveis de causar confusão ou associação, salvo com consentimento do autor ou titular;

XVIII – termo técnico usado na indústria, na ciência e na arte, que tenha relação com o produto ou serviço a distinguir;

XIX – reprodução ou imitação, no todo ou em parte, ainda que com acréscimo, de marca alheia registrada, para distinguir ou certificar produto ou serviço idêntico, semelhante ou afim, suscetível de causar confusão ou associação com marca alheia;

XX – dualidade de marcas de um só titular para o mesmo produto ou serviço, salvo quando, no caso de marcas de mesma natureza, se revestirem de suficiente forma distintiva;

XXI – a forma necessária, comum ou vulgar do produto ou de acondicionamento, ou, ainda, aquela que não possa ser dissociada de efeito técnico;

XXII – objeto que estiver protegido por registro de desenho industrial de terceiro;

XXIII – sinal que imite ou reproduza, no todo ou em parte, marca que o requerente evidentemente não poderia desconhecer em razão de sua atividade, cujo titular seja sediado ou domiciliado em território nacional ou em país com o qual o Brasil mantenha acordo ou que assegure reciprocidade de tratamento, se a marca se destinar a distinguir produto ou serviço idêntico, semelhante ou afim, suscetível de causar confusão ou associação com aquela marca alheia.

6.2.3. O sistema de proteção marcário

Ao contrário da proteção a obras artísticas e literárias, que não precisam de registro para receber proteção, para a proteção de uma marca é imprescindível o registro. Dessa forma, pode-se afirmar que o sistema de proteção é atributivo. Ao contrário disso, o sistema declaratório prevê que o direito ao uso exclusivo adquire-se pelo primeiro uso, ou seja, o registro apenas implica presunção do direito.

Discussões sobre os sistemas algumas vezes trazem a possibilidade de o Brasil contemplar o sistema misto, através do qual a propriedade da marca adquire-se pelo registro, mas se há um usuário anterior ele poderá requerer, num tempo determinado por lei, o direito de obter preferência na concessão do registro. Ora, se o usuário anterior tem preferência na concessão do registro é porque só vai adquirir a propriedade se providenciar tal registro. Portanto, as discussões sobre o sistema são inócuas, uma vez que claramente só se adquire a propriedade pelo registro.

A proteção da marca tem o prazo de dez anos, sempre prorrogáveis, mas o registro pode extinguir-se por caducidade, nos seguintes casos: se ela não for utilizada nos cinco anos seguintes de sua expedição; se o uso for interrompido por cinco anos consecutivos; ou a marca for usada por este período de tempo com modificação que implique alteração de seu caráter distintivo original (contra o que foi determinado pelo certificado de registro).

6.2.4. Sanções às violações de direitos sobre marcas

As sanções, tanto cíveis quanto penais, no caso das marcas, estão previstas na Lei 9.279/96, sendo que o artigo 189 prevê que comete crime contra registro de marca quem reproduz, sem autorização do titular, no todo ou em parte, marca registrada; ou imita-a de modo que possa induzir confusão; ou altera marca registrada de outrem já aposta em produto colocado no mercado. No caso está prevista a pena de detenção, de 3 (três) meses a 1 (um) ano, ou multa.

Também comete crime contra registro de marca quem importa, exporta, vende, oferece ou expõe à venda, oculta ou tem em estoque produto assinalado com marca ilicitamente reproduzida ou imitada, de outrem, no todo ou em parte; ou produto de sua indústria ou comércio, contido em vasilhame, recipiente ou embalagem que contenha marca legítima de outrem. Nesse caso, a pena prevista é a detenção de 1 (um) a 3 (três) meses ou multa.

7. Os direitos do consumidor

Resumo:
Neste capítulo serão abordados aspectos do direito do consumidor na arena digital, em especial o teor de suas normas, de natureza tanto penal quanto cível, e, ainda, situações de abuso contratual, com as consequências jurídicas aplicáveis, e os institutos jurídicos existentes para coibir tais abusos.

7.1. O direito individual e coletivo do consumidor

Qualquer troca de dinheiro por produto ou serviço estabelecida entre consumidor e fornecedor é considerada uma relação de consumo.[125] A partir a Constituição Federal de 1988, restou consagrado, entre os direitos e garantias individuais, também a obrigação do Estado de promover a proteção ao consumidor. Pela Constituição, ficou decidido que o Estado iria promover, na forma de uma lei que deveria ser promulgada, a proteção do consumidor.

Temos, assim, o direito do consumidor garantido como direito fundamental. Adiante, ainda no texto constitucional, encontra-se no artigo 170 a previsão de que a defesa do consumidor constitui um dos princípios que devem ser observados no exercício de qualquer atividade econômica, com o objetivo de garantir a melhoria da qualidade de vida dos cidadãos mediante a implementação de uma política

---

[125] Art. 2º Consumidor é toda pessoa física ou jurídica que adquire ou utiliza produto ou serviço como destinatário final. Parágrafo único. Equipara-se a consumidor a coletividade de pessoas, ainda que indetermináveis, que haja intervindo nas relações de consumo. Art. 3º Fornecedor é toda pessoa física ou jurídica, pública ou privada, nacional ou estrangeira, bem como os entes despersonalizados, que desenvolvem atividade de produção, montagem, criação, construção, transformação, importação, exportação, distribuição ou comercialização de produtos ou prestação de serviços. § 1º Produto é qualquer bem, móvel ou imóvel, material ou imaterial. § 2º Serviço é qualquer atividade fornecida no mercado de consumo, mediante remuneração, inclusive as de natureza bancária, financeira, de crédito e securitária, salvo as decorrentes das relações de caráter trabalhista.

nacional de consumo. Ainda, com a previsão do artigo 48 do *Ato das disposições constitucionais transitórias*, restou determinado que o Código de Defesa do Consumidor deveria ser aprovado em 120 dias. O Código só chegou a ser aprovado dois anos depois, quando surge, em 11 de setembro de 1990, a Lei n° 8.078, conhecida como CDC.

7.2. Internet e consumidor

O advento da Internet transformou radicalmente as relações privadas, com reflexo direto sentido especialmente no comércio eletrônico. A rapidez nos negócios também aumentou tanto o número de ofertas de produtos e serviços quanto de problemas a eles relacionados. Nesse sentido, vemos um descontrole no *marketing*, envio de *spams* e muitas propostas agressivas, obscuras ou mesmo enganadoras.

O que se observa é um público consumidor cada vez mais vulnerável a grandes empresas e conglomerados nacionais e internacionais. Várias são as formas pelas quais o Estado começou a intervir nas relações privadas, basicamente em função da própria evolução do Estado Liberal para o Estado Democrático de Direito (e com grandes dificuldades tentando implantar o Estado Social): a) pela intervenção através da regulamentação das relações de consumo, mediante o estabelecimento de limites aos contratos, impostos pelo Código de Defesa do Consumidor; b) com a intervenção cada vez maior nas relações trabalhistas; c) através da intervenção nas relações privadas que envolvem a concorrência e abuso de poder econômico (às vezes com instituições públicas e privadas que regulam atos de comércio, cuidando da formação de monopólios, como com o CADE); e, muitas vezes, d) com a interferência diretamente no controle da economia através do Banco Central.

As distorções que se estabeleceram foram em razão dos excessos permitidos pelo Estado Liberal, em virtude da liberdade demasiada, e não foi apenas através do Código de Defesa do Consumidor que o Estado buscou regular as atividades empresariais. Após o CDC, tivemos ainda a Lei 9.147/90, estabelecendo os crimes contra as relações de consumo; em 1991, tivemos a Lei 8.158, de defesa da concorrência; e em 1994, a Lei 8.884, que fortaleceu os órgãos públicos de poder de polícia no mercado, como o CADE, que foi transformado em autarquia federal. O CADE, assim, passa a ser visto como um importante instrumento de defesa, tanto da concorrência (da boa concorrência) quanto do consumidor.

Se a relação estabelecida entre consumidores e fornecedores já era bastante controvertida e díspar em função do desequilíbrio das partes contratantes, o advento da Internet passou a tornar ainda mais urgentes as medidas de proteção aos consumidores, evidenciada sua posição de hipossuficiência diante do poder econômico do produtor ou fornecedor, a parte hiperssuficiente (ou mais forte) de produto ou serviço.

Uma das maiores dificuldades da era digital é encontrar o ofensor no caso de violação de direitos. A vítima muitas vezes não sabe a quem direcionar sua acusação e seu pedido de indenização. Nesse sentido, não são poucos os casos, por exemplo, em que o provedor tem sido condenado por servir como instrumento para causar um dano a alguém. As situações concretas são muito variáveis, e nem sempre o provedor é condenado por simplesmente ter servido como instrumento para causar um mal. Um bom exemplo é a publicação de fotos sem consentimento. A tendência de absolvição do provedor, desde que ele elimine os dados assim que notificado, tem-se mostrado coerente e recorrente.[126]

O Código de Defesa do Consumidor veio justamente tentar restabelecer, por força de lei, o equilíbrio nas relações, regulando obrigações e direitos das partes. Não há como existir equilíbrio e liberdade de contratar se uma das partes tem poder de impor as regras que desejar. Há, portanto, necessidade de intervenção pública com a promulgação de legislação que iniba atos abusivos por parte de quem detém maior poder econômico em detrimento de quem só consegue submeter-se a tais regras.

7.3. Natureza das normas do direito do consumidor

O Código de Defesa do Consumidor possui normas de diversas naturezas, tanto de direito penal, como civil, constitucional, processual e administrativo, sendo enfatizadas em seu ordenamento questões de cobranças abusivas e produtos danificados – sem esquecer que seu texto deixa margem para outras discuções, como erro médico e

---

[126] Nesse sentido, a definição de provedor, por Newton de Lucca: "é aquele que presta, ao usuário, um serviço de natureza vária, seja franqueando o endereço da Internet, seja armazenando e disponibilizando o *site* para a rede, seja prestando e coletando informações etc. É designado, tecnicamente, de Provedor de Serviço de Conexão à Internet (PSCI), sendo a entidade que presta o serviço de conexão à Internet (SCI). Este, por seu turno, é o nome genérico que designa o Serviço de Valor Adicionado, que possibilita o acesso à Internet de Usuários e Provedores de Serviços de Informações" (LUCCA, Newton de. Provedor. In: *Direito e Internet: aspectos jurídicos relevantes* – Títulos e Contratos Eletrônicos. Edipro: São Paulo, 2000, p. 60). Como ressalta Gabriel Inellas, "a prática comum, de incluir cláusulas contratuais isentando os prestadores de serviços de responsabilidade perante o usuário ou consumidor, nada valem, já que são proibidas pelo Código do Consumidor" (INELLAS, Gabriel Cesas Zaccaria de. *Crimes na internet*. 2. ed. Juarez de Oliveira, 2009, p. 23)

compras pela Internet, as quais se proliferam de modo cada vez mais veemente.

Entre os direitos básicos previstos para o consumidor estão o direito a vida, segurança e saúde, de modo que produtos que tragam riscos devem ser sempre esclarecidos (artigo 6°). Há, ainda, o direito à escolha, ou seja, o consumidor tem o direito de escolher produtos, considerando a qualidade e preços competitivos. Nesse sentido, o consumidor tem o direito de refletir sobre as condições do contrato, e, inclusive, devolver o produto e desistir da compra, se concluir que não a deseja (se não foi feita no estabelecimento).[127] Deve-se considerar, ainda, que a sonegação de informações é proibida, sendo obrigatória a transparência delas.[128] Assim, é direito do consumidor, em relação a qualquer propaganda sobre o produto ou serviço, que esta traga informações verdadeiras, sendo proibida a publicidade abusiva e enganosa (artigo 37).[129]

Segue o exemplo de um caso julgado vinculado a consumo que pode envolver várias irregularidades:

> Consumidor. Curso de informática. Rescisão contratual sem ônus. Devolução de valores já quitados. Preliminar de sentença *extra petita* afastada. Valor da multa que suplanta a soma já paga. Captação de alunos por meio de propaganda enganosa. Oferta de descontos, que não são efetuados. Venda casada do curso com livros superfaturados. Ausência de comprovação de parceria com empresa americana de *software* (*"microsoft"*). Inúmeras reclamações contra a empresa ré, via *Internet*, a reforçar a verossimilhança das alegações iniciais. Improcedência do pedido contraposto. Recurso improvido.[130]

---

[127] Art. 49. O consumidor pode desistir do contrato, no prazo de 7 dias a contar de sua assinatura ou do ato de recebimento do produto ou serviço, sempre que a contratação de fornecimento de produtos e serviços ocorrer fora do estabelecimento comercial, especialmente por telefone ou a domicílio.

[128] Art. 52. No fornecimento de produtos ou serviços que envolva outorga de crédito ou concessão de financiamento ao consumidor, o fornecedor deverá, entre outros requisitos, informá-lo prévia e adequadamente sobre: I – preço do produto ou serviço em moeda corrente nacional; II – montante dos juros de mora e da taxa efetiva anual de juros; III – acréscimos legalmente previstos; IV – número e periodicidade das prestações; [...]

[129] Art. 37. É proibida toda publicidade enganosa ou abusiva. § 1° É enganosa qualquer modalidade de informação ou comunicação de caráter publicitário, inteira ou parcialmente falsa, ou, por qualquer outro modo, mesmo por omissão, capaz de induzir em erro o consumidor a respeito da natureza, características, qualidade, quantidade, propriedades, origem, preço e quaisquer outros dados sobre produtos e serviços. § 2° É abusiva, dentre outras a publicidade discriminatória de qualquer natureza, a que incite à violência, explore o medo ou a superstição, se aproveite da deficiência de julgamento e experiência da criança, desrespeite valores ambientais, ou que seja capaz de induzir o consumidor a se comportar de forma prejudicial ou perigosa à sua saúde ou segurança. § 3° Para os efeitos deste código, a publicidade é enganosa por omissão quando deixar de informar sobre dado essencial do produto ou serviço. § 4° (Vetado). Art. 38. O ônus da prova da veracidade e correção da informação ou comunicação publicitária cabe a quem as patrocina.

[130] Apelação Cível nº 71002256188, Segunda Turma Recursal Cível, Porto Alegre Comércio de Livros Ltda (Microcamp), Apelante; Roseni Cunha Dutra, Apelada, em 27/01/2010, Dra. Fernanda Carravetta Vilande, relatora.

Se o consumidor é enganado, resta a previsão de indenização, a reparação econômica por danos materiais ou morais causados em função do produto ou serviço adquirido.Assim, não adianta o ilícito estar autorizado por meio de cláusulas contratuais, pois também as cláusulas contratuais são reguladas pelo CDC, de maneira que não podem ser abusivas.

Por fim, cabe ainda ressaltar um exemplo de norma do Código de Defesa do Consumidor, muitas vezes não aplicado por desconhecimento da legislação: existem produtos que podem aparentemente não conter defeitos, mas existem os chamados *vícios ocultos*, nos quais o defeito não é observado facilmente ou a "olho nu", o que juridicamente é chamado de *vício redibitório*. Em caso de aquisição de produto com vício redibitório, o consumidor tem o direito de fazer a troca do produto, devendo apenas para isso fazer um pedido por escrito à empresa, com a apresentação da cópia da nota fiscal. Nesse caso, o prazo da empresa é de 30 dias, seja para substituir o produto por outro igual, sem o vício, naturalmente, ou para devolução do valor pago ou abatimento do preço. No caso de descumprimento, sempre cabe recurso ao Judiciário ou ao PROCON.

A Justiça oferece vários exemplos de casos nos quais é aplicado o Código de Defesa do Consumidor para o caso de vício de produto não aparente, como pode ser visto pela ementa abaixo:

> Restando incontroverso nos autos o vício redibitório apresentado no veículo zero quilômetro adquirido pelo autor junto à concessionária demandada, e não sendo sanado o problema no prazo de trinta dias, faz jus o consumidor à substituição do bem por outro de iguais características, em perfeitas condições de uso, sendo direito potestativo franqueado pelo art. 18, § 1º, I, do Código de Defesa do Consumidor.
>
> Danos morais devidos, na medida em que a situação pela qual passou o autor supera um mero aborrecimento e atinge a esfera de sua personalidade, frustrando sua justa expectativa com a aquisição de seu veículo zero quilômetro, que naturalmente pressupõe maior durabilidade e desperta maior confiança no consumidor. Cuida-se de dano *in re ipsa*.
>
> Para a fixação do valor da indenização o julgador deve observar os princípios da proporcionalidade e da razoabilidade, bem como atentar para a natureza jurídica da indenização. Manutenção do *quantum* estabelecido pela sentença que se impõe, pois fixado de acordo com as peculiaridades do caso concreto, bem como observada a natureza jurídica da condenação e os princípios da proporcionalidade e razoabilidade.[131]

---

[131] Apelação Cível nº 70043061258, Superauto Comércio de Veículos Ltda., Apelante; Danilo Erni Scheibler, Apelado. Nona Câmara Cível do Tribunal de Justiça do Rio Grande do Sul, Des. Tasso Caubi Soares Delabary, relator, em 24 de agosto de 2011.

7.4. Cláusulas abusivas

O CDC ainda esclarece o que são cláusulas abusivas, citando-se, entre uma longa lista, apenas algumas: cláusulas que impossibilitem, exonerem ou atenuem a responsabilidade do fornecedor por vícios de qualquer natureza dos produtos e serviços ou impliquem renúncia ou disposição de direitos; subtraiam ao consumidor a opção de reembolso da quantia já paga, nos casos previstos nesse Código; transfiram responsabilidades a terceiros; estabeleçam obrigações consideradas iníquas, abusivas, que coloquem o consumidor em desvantagem exagerada, ou sejam incompatíveis com a boa-fé ou a equidade; estabeleçam inversão do ônus da prova em prejuízo do consumidor; determinem a utilização compulsória de arbitragem; imponham representante para concluir ou realizar outro negócio jurídico pelo consumidor; deixem ao fornecedor a opção de concluir ou não o contrato, embora obrigando o consumidor; permitam ao fornecedor, direta ou indiretamente, variação do preço de maneira unilateral; autorizem o fornecedor a cancelar o contrato unilateralmente, sem que igual direito seja conferido ao consumidor (art. 51).

O PROCON foi criado em 1997, pela Lei 10.913, sendo um órgão estadual que coordena e executa a política das relações de consumo, orientando, analisando e encaminhando reclamações e denúncias, trabalhando preventivamente os direitos do consumidor, e até mesmo aplicando sanções, se forem necessárias. Com esse poder, é possível e recomendável recorrer aos PROCONs dos Estados, sempre que forem verificadas violações ao consumidor, como, por exemplo, validade dos produtos; venda casada, preços diferentes para o mesmo produto no mesmo estabelecimento, propaganda enganosa, ausência de manual em português e, ainda, oferta de garantia inferior à estabelecida legalmente, exposição e ofensa à imagem do consumidor (o consumidor, por exemplo, na cobrança de dívidas não pode ser submetido a vexame ou ameaça, artigo 42), entre outras.

Deve ser lembrado que o direito do consumidor é tanto um direito individual quanto coletivo, e, no caso de um produto ou serviço causar danos coletivos ou sociais, pode ser acionado o Ministério Público, encarregado de acionar o Judiciário nesses casos. Além disso, foi criado o Sistema Nacional de Informações de Defesa do Consumidor, o SINDEC,[132] que é órgão federal que oferece um banco de dados nacional sobre empresas reclamadas, ações que tramitam na justiça, condutas e práticas do consumidor e do fornecedor.

---

[132] Endereço eletrônico: <www..sidec.org.br>.

7.5. *Software* livre, direito do consumidor e direito autoral

Em 1991, o finlandês Linus Torvalds criou um Kernel (parte vital de um sistema operacional) que levou o nome de Linux. O Linux juntou-se ao GNU (sistema operacional de código aberto, sem restrição de uso, criado por Richard Stallman, ainda nos finais da década de 1980). Assim, surge o sistema GNU/Linux.

Não cabe neste capítulo repetir a história do surgimento do *software* livre, basta lembrar que em função de uma série de dificuldades ou bloqueios levantados para a atividade criativa é que surge a criação, resultado de uma luta contra a prisão da proteção ao *software* proprietário, de uma nova condição legal para a liberdade de uso do programa, através da licença GPL (General Public License), assim como o conceito de *copyleft*, um derivado do *copyright*, com fim oposto a este: garantir a livre distribuição, o livre uso e a modificação.

As garantias principais da licença envolvem a autorização para que o licenciado tenha os direitos de usar, copiar, alterar e redistribuir sua obra. Além disso, é estabelecida a regra da reciprocidade: toda obra derivada da original também deve ser distribuída pelos termos da mesma licença.

Na realidade, o autor do *software* não abre mão, ou renuncia, aos direitos de autor que possui em decorrência da previsão legal, ele apenas estabelece uma cessão não exclusiva dos direitos de usar, copiar, alterar e redistribuir a obra. Na realidade, não há aqui sequer ofensa à lei de direitos autorais, que impede a renúncia à prerrogativa de paternidade da obra, ou de reconhecimento de autoria. Há, sim, uma forma de antecipação de licenciamento, para o fim de autorizar qualquer um a usar e dispor da obra, como quiser, desde que não impeça outros de também assim fazerem.

As principais premissas do *software* não proprietário envolvem a possibilidade de executar o programa para qualquer propósito de estudar seu funcionamento e modificá-lo para atender as necessidades de cada usuário; distribuir cópias como forma de ajudar cada usuário na realização de suas atividades; liberar as modificações realizadas para beneficiar a comunidade dos usuários.[133]

De todo modo, como já referido, todos os programas de computador, sejam proprietários ou não proprietários, são protegidos pela legislação de direitos autorais. O *software* proprietário é comercializado através de contrato de licença – e, no caso de inexistência, o do-

---

[133] Segundo a FSF – Free Software Foundation / Richard Stallman, disponível em <http://stallman.org/>, acesso em 15/07/2011.

cumento fiscal servirá para a comprovação da regularidade do uso. Isso pode levar à conclusão de que o usuário de um *software* proprietário, na realidade, é usuário, não proprietário, pois ele apenas adquiriu uma licença de uso, e esta se limita às condições previstas na sua licença. Ele apenas tem o direito de usar.

Em relação ao *software* livre, isso não acontece, pois o direito de uso é muito mais amplo. O proprietário de um *software* livre simplesmente estabeleceu menos condições para o uso de sua criação.

Existe conflito entre a licença GPL e o direito autoral?

Se a Lei 9.609 prevê a proteção dos direitos de autor ao criador de programa de computador, estabelecendo como prerrogativa moral que o autor pode se opor a quaisquer alterações que prejudiquem sua honra ou reputação, desde que não autorizadas, estaria a licença GPL em contradição com a legislação autoral?

A licença GPL também possui suas cláusulas básicas, entre elas o autor do programa autoriza o licenciado a modificar sua cópia, ou cópias, do programa, ou qualquer parte dele, de modo a gerar uma derivação. Para que tal alteração tenha validade, entretanto, há a condição de que os arquivos modificados contenham avisos informativos do autor da alteração e a data em que foi efetivada. Na realidade, a intenção da Lei 9.609 é a reputação do autor do programa, aliás, do mesmo modo que a seção 2 da licença GPL.

No geral, o *software* livre pode ser visto como uma espécie de *software* não proprietário. Além disso, tendo por objeto ser livre, o código fonte deve estar liberado, assim como deve haver liberdade na distribuição. Entretanto, apesar de a gratuidade ser uma condição, isso não significa que o *software* livre seja necessariamente gratuito.

Já em relação às garantias para quem adquire um *software* livre, cabe questionar se ali também se aplicam as normas do CDC.

A princípio, esse tipo de *software* não tem qualquer garantia. Entretanto, vele destacar que a redação da lei do CDC é clara no sentido da definição de consumidor, e, por tal definição, mesmo o adquirente de um *software* livre é enquadrado nela. Existe a preocupação quanto ao sentido do texto legal, que, se aplicado ao *software* livre, entra em franca oposição à própria natureza de seu objeto.

O artigo 2º do CDC define consumidor como "toda pessoa física ou jurídica que adquire ou utiliza produto ou serviço como destinatário final". Já o artigo 3º define fornecedor como toda pessoa física ou jurídica, pública ou privada, nacional ou estrangeira, bem como os entes despersonalizados, que desenvolvem atividade de produção, montagem, criação, construção, transformação, importação, exportação, distribuição ou comercialização de produtos ou prestação de serviços.

Os parágrafos de tal artigo definem ainda produto como "qualquer bem, móvel ou imóvel, material ou imaterial". Além disso, definem serviço como "qualquer atividade fornecida no mercado de consumo, mediante remuneração, inclusive a de natureza bancária, financeira, de crédito e securitária, salvo as decorrentes das relações de caráter trabalhista".

Isso significa que o CDC inclui os produtos fornecidos de modo gracioso no âmbito de sua proteção, excluindo, por outro lado, expressamente, os serviços prestados de forma não remunerada.

Como consequências jurídicas dessa previsão legal, não se pode deixar de aventar a responsabilidade sobre a oferta de tal produto, ainda que gratuito: afinal, salvo as prestações de serviços realizadas por profissionais liberais, o CDC adotou a responsabilidade objetiva, ou seja, o fornecedor de serviços responde, pela simples colocação do produto no mercado, pelos vícios ou defeitos do produto.

Nesse caso, se for percebido um defeito apresentado por um *software*, e existindo uma relação de causalidade entre esse defeito e um dano sofrido por um usuário-consumidor, o fornecedor poderá vir a ser demandado a reparar o dano. Além disso, é importante lembrar que é nula qualquer cláusula contratual que impossibilite, exonere ou atenue a responsabilidade do fornecedor por vícios de qualquer natureza do produto ou serviço.

Nem mesmo o consumidor pode dispor ou renunciar, contratualmente, a esse mandamento legal em razão de as normas consumeristas serem de ordem pública e interesse social.

Além disso, a Lei 9.609, artigo 8°, também obriga a quem comercializar programas de computador, a prestação de serviços que garantam seu adequado funcionamento, dentro do prazo de validade técnica da versão, ainda que não defina o significado da expressão "validade técnica". Para completar, o próprio Código Civil (artigo 186) de 2002 determina que quem, culposamente, causar dano a outrem, fica obrigado a repará-lo (ainda que nesse caso seja necessário averiguar se o causador do dano agiu com negligência, imperícia ou imprudência).

Em virtude da natureza do *software*, é difícil a caracterização da culpa de seu fornecedor, porque, apesar dos grandes avanços da engenharia de *software*, algumas falhas que se apresentam escapam da possibilidade de previsão. Com isso, seria possível enquadrar os possíveis danos causados aos usuários do *software* como resultantes de caso fortuito ou força maior. Nesses casos, o artigo 393 do Código Civil exime o devedor de arcar com os prejuízos.

De todo modo, é importante, em se tratando de suporte, serviços ou produtos envolvendo *software* livre, que se tomem algumas precauções, como evitar o envio de *software* livre sem que tenha sido requisitado, informar adequadamente sobre todos os aspectos e possíveis falhas que o sistema possa causar, não vincular sua oferta com a venda e uso de outro *software* comercial e guardar os registros de criação, a fim de evitar responsabilização sobre a parte que foi de autoria de terceiros.

7.6. O comércio eletrônico e sua regulação brasileira

O comércio eletrônico teve sua normatização recente através do Decreto nº 7.962, de 15 de março de 2013, vindo a regulamentar a Lei nº 8.078, de 11 de setembro de 1990, para dispor, especificamente, "sobre a contratação no comércio eletrônico".

A regulamentação sobre a contratação no comércio eletrônico abrange, então, (a) as informações claras a respeito do produto, serviço e do fornecedor, (b) o atendimento facilitado ao consumidor; e (c) o respeito ao direito de arrependimento.

Destaca-se, sobretudo, o direito ao arrependimento (art. 5º), porquanto tal preceito deve ser atinente às compras realizadas no comércio eletrônico e aos direitos dos consumidores, pois o fornecedor deve informar, de forma clara e ostensiva, os meios adequados e eficazes para o exercício do direito de arrependimento pelo consumidor, sendo que este poderá exercer seu direito de arrependimento pela mesma ferramenta utilizada para a contratação, sem prejuízo de outros meios disponibilizados.

Ainda, o exercício do direito de arrependimento feito pelo consumidor implica a rescisão dos contratos acessórios, sem qualquer ônus para ele, obrigando, também, ao fornecedor comunicar imediatamente à instituição financeira ou à administradora do cartão de crédito ou similar, para que (a) a transação não seja lançada na fatura do consumidor, ou (b) seja efetivado o estorno do valor, caso o lançamento na fatura já tenha sido realizado. Além desta comunicação às instituições financeiras ou de crédito, também deve o fornecedor confirmar o recebimento da manifestação de arrependimento feita pelo consumidor.

A par da abrangência referida no dispositivo inicial do decreto regulamentador, conforme o art. 2º do referido documento, os sítios eletrônicos ou demais meios eletrônicos utilizados para oferta ou conclusão de contrato de consumo devem disponibilizar, em local de destaque e de fácil visualização nas páginas de *e-commerce*, as seguintes informações:

a) nome empresarial e número de inscrição do fornecedor, quando houver, no Cadastro Nacional de Pessoas Físicas ou no Cadastro Nacional de Pessoas Jurídicas do Ministério da Fazenda;

b) endereço físico e eletrônico, e demais informações necessárias para sua localização e contato;

c) características essenciais do produto ou do serviço, incluídos os riscos à saúde e à segurança dos consumidores;

d) discriminação, no preço, de quaisquer despesas adicionais ou acessórias, tais como as de entrega ou seguros;

e) condições integrais da oferta, incluídas modalidades de pagamento, disponibilidade, forma e prazo da execução do serviço ou da entrega ou disponibilização do produto; e

f) informações claras e ostensivas a respeito de quaisquer restrições à fruição da oferta.

Também se preocupou o Estado em definir as regras específicas para as ofertas de compras coletivas, porquanto estes sítios eletrônicos ou modalidades análogas de contratação deverão conter, conforme o art. 3º, além das informações já citadas para *sites* de *e-commerce* "comuns", ou seja, as previstas no art. 2º já citado: (a) quantidade mínima de consumidores para a efetivação do contrato, (b) prazo para utilização da oferta pelo consumidor; e (c) identificação do fornecedor responsável pelo sítio eletrônico e do fornecedor do produto ou serviço ofertado, nos termos dos incisos I e II do art. 2º.

Houve, logicamente, a preocupação em relação ao atendimento do consumidor digital, porquanto, para facilitar tal comunicação, o fornecedor deve, dentre outras atividades, (a) apresentar sumário do contrato antes da contratação, com as informações necessárias ao pleno exercício do direito de escolha do consumidor, enfatizadas as cláusulas que limitem direitos, e, (b) fornecer ferramentas eficazes ao consumidor para identificação e correção imediata de erros ocorridos nas etapas anteriores à finalização da contratação. Além disso, deve (c) confirmar imediatamente o recebimento da aceitação da oferta, e, (d) disponibilizar o contrato ao consumidor em meio que permita sua conservação e reprodução, imediatamente após a contratação. Especialmente, a obrigação do fornecedor envolve (e) a confirmação imediata do recebimento das demandas do consumidor pelo mesmo meio empregado por ele. Finalmente, o fornecedor deve (f) manter serviço adequado e eficaz de atendimento em meio eletrônico, que possibilite ao consumidor a resolução de demandas referentes a informação, dúvida, reclamação, suspensão ou cancelamento do contrato, e, (g) utilizar mecanismos de segurança eficazes para pagamento e para tratamento de dados do consumidor.

Também, como direito do consumidor e quando se trate de possibilitar a ele a resolução de demandas referentes a informação, dúvida, reclamação, suspensão ou cancelamento do contrato, as manifestações do fornecedor devem ser encaminhadas em até cinco dias ao arrependido.

Finalmente, as contratações no comércio eletrônico deverão observar o cumprimento das condições da oferta, com a entrega dos produtos e serviços contratados, observados prazos, quantidade, qualidade e adequação. Em suma, o Decreto foi objetivo e claro quanto aos direitos do consumidor e orientações e deveres em relação aos fornecedores, estabelecendo a possibilidade de aplicação de sanções do art. 56 da Lei n° 8.078, de 1990, em caso de descumprimento das regras estipuladas.

8. Delitos informáticos

Resumo:
Este capítulo ingressa no campo dos crimes relacionados à era da informática e da tecnologia. Compreendendo que uma violação a direito pode gerar um direito à indenização na área cível, é importante entender também quando existem ações consideradas delitos e esses que podem ser praticados através da Internet. Assim, também serão analisadas as ações que envolvem desde os crimes típicos, como estelionato, fraudes em geral, furto (de senhas, por exemplo), calúnia, difamação, pedofilia, entre outros, até os não típicos, que estão demandando uma evolução do direito com a aprovação de normas específicas.

8.1. Introdução aos delitos informáticos

A chegada da rede mundial de computadores é recente no Brasil, considerando o rápido desenvolvimento e construção de novas formas de acesso e comunicação que por sua vez gerou. Multiplicaram-se de maneira inusitada e inovadora as novas formas de negócios, de transações e de trocas, as relações entre as pessoas e aquilo que diz respeito ao mundo jurídico, o que se costuma referir como relações jurídicas, sofreram um grande impulso com o uso do computador e da Internet.

Como aponta Cunha Neto, a "realidade que estamos vivendo é a de que estamos nos informatizando em velocidade acima do que até se pode notar", apresentando um conceito geral para o Direito Penal na Informática:

> O que denominamos de Direito Penal na Informática seria o conjunto de normas destinadas a regular a prevenção, a repressão e a punição relativamente aos fatos que atentem contra o uso, exploração, segurança, transmissão e sigilo de dados armazenados e de sistemas manipulados por estes equipamentos, os computadores.[134]

---

[134] CUNHA NETO. Marcilio José da. *Manual de informática jurídica*. Rio de janeiro: Destaque, 2002. p. 200.

Esse conceito precisa ser esclarecido. Antes disso, porém, é importante notar que a função da lei na sociedade sempre foi tornar possíveis a segurança jurídica e a pacificação dos conflitos. Visa, também, à prevenção de atos considerados danosos a uma vida comunitária. Em função das novidades trazidas pela tecnologia, o debate acerca do que é considerado lícito e ilícito nem sempre é tranquilo, pelo contrário, pois na medida em que a rede envolve grande potencial de produção de riqueza, há disputas por sua posse. Como aponta Gustavo Testa Correa, "atualmente, tirando raras exceções, existem leis, tanto no Brasil como em outros países, suficientes para coibir os crimes praticados com o auxílio do computador. Porém, serão criados 'crimes' cada vez menos 'óbvios', e as leis existentes não preencherão tais lacunas de maneira eficaz". O autor ainda aponta três categorias básicas de leis ou regulamentações relevantes para o estudo:

a) a existência de leis já promulgadas, que podem ser utilizadas para tipificar os "crimes" na Era da Informação, como o furto de circuito integrado de computador (e se o objetivo é obter informação nele gravada pode ser enquadrado na Lei 9.279, da propriedade industrial);

b) as leis existentes poderiam ser aplicadas de plano, sem mudanças, com a adição de novas, para atingir maior resultado em seus objetivos;

c) a criação de leis novas, em especial em razão do avanço tecnológico ser rápido demais, o que, por outro lado, poderá demandar leis específicas como os crimes praticados por *hackers* e, na sua pressa, gerar uma promulgação lacunosa e desviante.[135]

Os casos mais sensíveis são, por exemplo, a criação de um vírus (tipificado pelo § 1º do art. 154-A, inserido no Código Penal pela Lei 12.737/12), formas diversas de vandalismo digital (no caso de *sites* e serviços públicos, houve a inserção do § 1º do art. 266 no Código Penal, também pela Lei 12.737/12), que culminam na disseminação de outros crimes, como pornografia infantil (a partir de 2008, com legislação inserida no Estatuto da Criança e do Adolescente, Lei 8.069/90), calúnia e difamação etc. Além disso, a questão do anonimato dificulta o encontro do agente, mas também, da própria vítima, uma vez que grandes empresas vítimas temem que, se vier a público a quebra de sua segurança, outras perdas inestimáveis poderão advir, como resultado posterior da própria prática do ato criminoso.

As referências na Internet, por outro lado, envolvendo obras protegidas, igualmente merecem uma observação especial:

---

[135] CORREA, Gustavo Testa. *Aspectos jurídicos da internet*. 2. ed. São Paulo: Saraiva, 2002, p. 59.

1. Quanto às hiperconexões e às liberdades das referências:

    Hipernexos (*hiperlinks*) – a partir da noção de hipertexto – um texto além daquele pelo qual o usuário navega – trata da questão da integração de música ou material protegido;

    Caixas (*frames*) – referência a outros *sites* ou outras páginas, só havendo problema com a incorporação de página alheia.

2. A metainformação:

    Descritores (*metatags*) – ou "palavras-chave", próprios de buscas, podendo haver disputas quanto ao monopólio de palavras ou descritores;

    Descritores enganosos – geram confusão e resultam em concorrência desleal (p. ex., *sites* de pornografia usando nomes comuns), conforme art. 195 da Lei 9.279/95.

A utilização de material alheio se fará quando e, se for acionado um hipernexo. Mas será que isso causa alguma violação de direito autoral? Seria necessário pedir autorização ao titular da obra? Em princípio não, mas, se ferir o direito pessoal ou moral à integridade da obra (parte da obra apenas); se houver omissão do nome do autor; ou se houver aproveitamento comercial de um elemento não comercial – um terceiro não pode aproveitar-se gratuitamente da obra que outro lançou livremente –, sim.[136]

O Brasil aguardava a promulgação de uma "Lei de Crimes de Informática", que teria por objetivo justamente aqueles crimes considerados não "óbvios", até pela ausência de uma necessária tipificação (previsão legal exata) específica, nos Códigos Penais. Esperava-se a avaliação de três projetos de lei (76 e 137, de 2000, e PLC 89/2003). Estes projetos culminaram em uma aprovação da Lei 12.735/2012, ou seja, com apenas 5 artigos e dois deles vetados quando da sanção presidencial. Aliás, apenas um dos artigos tem aplicação processual penal, porquanto se refere à inclusão de inciso na Lei 7.716/89, porquanto se refere à determinação de cessação das "transmissões radiofônicas, televisivas, eletrônicas ou da publicação por qualquer meio". Paralelamente a eles, ganhou força o PL que deu origem à Lei 12.737/2012, a qual, conforme referido, denominou-se de Lei Carolina Dieckmann.[137]

---

[136] A respeito desse tópico, ver em ASCENSÃO, José de Oliveira. *Direito da internet e sociedade e da sociedade da informação*. Rio de Janeiro: Forense, 2002.

[137] Sobre essas discussões de produção de leis que acatem o anseio da sociedade para criminalizar condutas no campo digital, ver WENDT, Emerson. *Internet & Direito Penal – Risco e cultura do medo*. Porto Alegre: Livraria do Advogado, 2016.

Paralelamente à aprovação de uma Lei, muitas empresas procuravam e procuram defender-se estrategicamente através de medidas regulamentadoras que protejam o patrimônio usando tecnologia vinculada à segurança da informação, gerando legitimidade à política e segurança adotadas. Fala-se aqui do Regulamento Interno de Segurança da Informação (RISI), que objetiva atribuir responsabilidades, obrigações e penalizações no caso de danos/desvio ocorridos, bem como garantir direitos aos usuários. De outro lado, há o Termo de Uso dos Sistemas da Informação (TISI) ou do estabelecimento de uma Política de Segurança da Informação (PSI), que constitui(em) instrumento(s) aplicado(s) aos usuários ou pessoas contratadas pela empresa, através do qual a própria atividade realizada é regulamentada, impondo limites éticos ao seu uso.

Em geral, há certo consenso quanto às principais formas usadas para o cometimento de delitos na Internet:

a) a difusão ilegal de material protegido;[138]

b) a navegação e exploração de vulnerabilidades tidas como invasão porque visa a destruir sistemas digitais e/ou a subtrair dados e informações sigilosos e serviços;

c) os negócios envolvendo transações comerciais fraudulentas;

d) relacionados ao conteúdo, quando diga respeito a questões privadas e/ou íntimas.

Quanto ao aspecto conceitual, a literatura e a doutrina da área usa vários conceitos distintos, alguns deles apenas para uma finalidade mais comercial.[139] Delitos informáticos é um conceito mais abrangente, pois que a informática é usada para o processamento, tratamento de dados e informações, seja em rede (pública ou privada) ou não, podendo o delito ocorrer em qualquer uma das instâncias. Agregada a isso, a junção da informática com as telecomunicações abrangeu o conceito de telemática, mas não exclui a essência dos conceitos geradores e, consequentemente, os aspectos penais relacionados.

Os "crimes cibernéticos", assim, seriam os que ocorrem em rede, através das aplicações da Web na Internet, o que, assim, restringe o seu campo de ocorrência. Os delitos informáticos, portanto, teriam uma incidência maior sobre o ciberespaço, incluindo as conexões eletrônicas, onde o computador ou é meio ou é alvo da ação criminosa.

---

[138] Os jornais de outubro de 2006 noticiaram pela primeira vez os processos movidos contra usuários no Brasil. As informações foram prestadas pela Federação Internacional da Indústria Fonográfica que anunciou que dos oito mil processos por compartilhamento de música de forma ilegal na Internet, 20 serão contra brasileiros, sendo a primeira vez que o Brasil entra em processos da federação, iniciado em 2004 (e agora já atinge 17 países).

[139] Ver mais em CRESPO, Marcelo Xavier de Freitas. *Crimes Digitais*. São Paulo: Saraiva, 2011.

O art. 4° da Lei 12.735/2012, ao mencionar uma política pública necessária no combate aos delitos no campo informático, refere-se às ações delituosas "em rede de computadores, dispositivo de comunicação ou sistema informatizado". Entende-se, então, como este o campo dos delitos informáticos.

8.2. Espécies de delitos informáticos

Cabe, agora, a identificação, na prática, dos principais delitos (crimes e contravenções) e o tratamento jurídico que vem recebendo, principalmente após a edição da Lei Carolina Dieckmann, Lei 12.737/12.

Na verdade, os delitos informáticos são basicamente crimes de meio, ou seja, um crime praticado por meio, através do computador, em geral com o uso da Internet. Nesse caso, crimes comuns e já bem conhecidos são os mesmos, aplicando-se as mesmas penalidades, com a única diferença que são praticados no meio cibernético/digital. Outras ações prejudiciais, entretanto, podem ainda não ter previsão como tipo penal, o que tem levado a uma preocupação com uma legislação pertinente e adequada para a área, que abranja também as demais formas de atos ilícitos e que não podem ser facilmente enquadrados na legislação penal atual, mesmo após a edição da lei referida, como é o caso do envio de *phishing scam*.

8.2.1. Delitos contra a pessoa

8.2.1.1. Injúria

A injúria consiste em atribuir a alguém qualidade negativa, que ofenda sua dignidade (artigo 140 do Código Penal). Isso pode acontecer quando alguém chama uma pessoa de ladrão, por exemplo, e pode ocorrer mesmo se a acusação é feita apenas contra a pessoa, privadamente, não necessitando tornar-se pública. No caso, pode ser atingida tanto a honra no sentido objetivo (o que as pessoas pensam da vítima) quanto a honra no sentido subjetivo (o que a vítima pensa de si mesma). O que se requer é a vontade livre e consciente do ofensor ao praticar a ofensa, atingindo a honra de outra pessoa. A acusação implica sofrimento íntimo da vítima, angústia, sentimento de ter sido ofendido, sentimento de vergonha.

Se a injúria envolver, ainda, violência nos meios empregados, a pena será detenção de três meses a um ano e multa, além da pena aplicada à espécie de violação utilizada. No caso de utilização de elementos vinculando cor, etnia (casos de "injúria racial"), religião, origem ou condição de pessoa idosa ou portadora de deficiência, a pena será de reclusão de um a três anos e multa. O juiz, entretanto, ao analisar o caso, poderá deixar de aplicar a pena caso o ofendido tenha dado causa à acusação.

No caso da Internet e seus aplicativos, os fatos mais comuns envolvem a criação de perfis falsos[140] ou "comunidades virtuais" com o intuito de injuriar pessoas, atribuindo-as algo pejorativo e/ou ofensivo a sua honra. Também, são comuns os casos de injúria racial, quando a ofensa vai além e agrega elementos de cor e etnia, principalmente.[141]

Há que se referir, no entanto, que nem todos os casos são considerados crimes contra a honra, e esse crivo é do Poder Judiciário em última análise, conforme a decisão da 2ª Câmara Criminal do TJRS:

> APELAÇÃO CRIMINAL. QUEIXA-CRIME. CALÚNIA, INJÚRIA E DIFAMAÇÃO. AUSÊNCIA DE PROVA DA AUTORIA E DE DOLO POR PARTE DO QUERELADO. NÃO HÁ PROVAS ROBUSTAS E APTAS A AUTORIZAR A CONDENAÇÃO DO IMPUTADO.
>
> Não há, na hipótese vertente, demonstração inequívoca do dolo específico do querelante quando do envio das mensagens via Internet.
>
> Parecer ministerial, nesta instância, pela manutenção do veredicto absolutório.
>
> À UNANIMIDADE, NEGARAM PROVIMENTO AO APELO, CONFIRMANDO A SENTENÇA ABSOLUTÓRIA PROFERIDA EM PRIMEIRO GRAU. AC Nº 70025261140. REL. DES. Mario Rocha Lopes Filho.

---

[140] Caso noticiado foi a prisão em flagrante de um homem suspeito de criar perfis falsos e difamatório em Santa Catarina. G. G., um advogado de 26 anos, pensou que sairia impune após criar perfis falsos no Orkut de uma colega de trabalho e de seu noivo. G. foi preso em flagrante numa Lan House enquanto colocava as fotos das vítimas nos perfis falsos. Um dos perfis criados pelo advogado difamava o noivo da colega de trabalho, indicando que a vítima fosse homossexual. Já em outro perfil falso, g. usou o nome da funcionária do banco, onde trabalhava, com imagens pornográficas. O autor dos fatos, ainda, criou um terceiro perfil, com nome da colega de trabalho para conhecer e conversar com outras pessoas. Depois de todos os crimes cometidos, G. G. respondeu por falsidade ideológica perante a Justiça. Fonte: IG Jovem. *Homem suspeito de criar perfis falsos e difamatórios é preso em Santa Catarina.* Publicada em 15 ago 2008. Disponível em: <http://jovem.ig.com.br/oscuecas/noticia/2008/08/15/orkut_fake_da_cadeia_1568457.html>. Acesso em 16 fev 2013.

[141] O caso que mais chamou a atenção ocorreu em maio de 2012, quando a paulistana M. P. foi condenada por postar mensagens preconceituosas em seu Twitter (e Orkut também), onde escreveu: "Nordestino não é gente, faça um favor a SP, mate um nordestino afogado". A frase "ganhou a mídia" e causou imensa repercussão, culminando com o ingresso de notícia-crime pela OAB de Pernambuco junto ao Ministério Público Federal de São Paulo. O Ministério Público Federal denunciou a ré, com base na Lei n. 7.716/89, por crime de discriminação ou preconceito de procedência nacional. M. P. foi condenada na 9ª Vara Criminal Federal de São Paulo a 1 ano, 5 meses e 15 dias de reclusão, pena esta convertida em multa de quinhentos reais e prestação de serviços comunitários. Fonte: R7 Notícias. *Condenação de estudante que ofendeu nordestinos terá efeito educativo nas redes sociais.* Publicada em 17 mai 2012. Disponível em: <http://noticias.r7.com/brasil/noticias/condenacao-de-estudante-que-ofendeu-nordestinostera-efeito-educativo-nas-redes-sociais-20120517.html>. Acesso em 16 fev 2013.

O que se verifica, de outra parte, é que a extensão dos efeitos de uso de uma rede social ou mecanismo de amplificação da ofensa (Internet, rádio etc.) são considerados para efeitos de uma condenação criminal, como na decisão que segue:

> APELAÇÃO CRIMINAL. CRIMES CONTRA A HONRA. PRELIMINAR. AUSÊNCIA DOS REQUISITOS DO ARTIGO 44 DO CPP. REJEITADA. MÉRITO. PROVA ROBUSTA. CONDENAÇÃO MANTIDA. NULIDADE DA PROCURAÇÃO. A procuração dada ao defensor da querelante cumpre os requisitos do dispositivo legal. No caso, o instrumento de mandado concedido ao procurador do querelante concede poderes para oferecer queixa-crime pelos delitos de injúria e difamação, não sendo necessárias maiores descrições. Preliminar rejeitada. MÉRITO. **A prova testemunhal é robusta. Restou demonstrado que o querelado, em várias oportunidades, durante a apresentação de programa na Rádio Montenegro e em página da rede social Facebook, injuriou e difamou o querelante. Condenação mantida.** PENA. 1. Deve ser afastada a negativação da vetorial antecedentes, pois o querelado não apresenta condenações criminais transitadas em julgado. Pena privativa de liberdade redimensionada. 2. **A majorante do artigo 141, inciso III, do Código Penal deve ser reconhecida, pois restou demonstrado que as palavras do querelado foram veiculadas na rádio Montenegro e pela rede social facebook.** 3. Em relação à pena de multa, decorre de imposição legal, como parte integrante do preceito secundário do tipo penal, mostrando-se inviável a isenção pretendida, merecendo registro a circunstância consistente em que eventual precariedade da situação econômica do réu deve ser considerada na fixação do valor unitário do dia-multa. 4. Substituição da pena privativa de liberdade... mantida nos limites da sentença recorrida, pois adequada e proporcional ao caso dos autos. CUSTAS PROCESSUAIS Com relação à isenção das custas, o pedido deve ser dirigido ao juízo da execução, momento adequado para aferir as condições econômicas do réu. Todavia, cabível a suspensão, nos termos do artigo 12 da Lei 1.060/50, quando comprovada a precária condição financeira, o que é o caso dos autos, pois o réu teve sua defesa patrocinada pela Defensoria Pública do Estado. RECURSOS PARCIALMENTE PROVIDOS. (Apelação Crime nº 70071623250, Primeira Câmara Criminal, Tribunal de Justiça do RS, Relator: Jayme Weingartner Neto, Julgado em 14/12/2016)

Há que se ponderar que a aplicação do art. 141, III, é relativa a todos os casos de crimes contra a honra, ou seja, injúria, calúnia e difamação, quando as penas a eles cominadas aumentam-se de um terço, se qualquer dos crimes é cometido "na presença de várias pessoas, ou por meio que facilite a divulgação da calúnia, da difamação ou da injúria".

8.2.1.2. Calúnia

No caso de calúnia (artigo 138 do Código Penal), a ofensa envolve uma afirmação falsa e desonrosa sobre uma pessoa, ou ainda, a atribuição falsa a alguém de responsabilidade pela prática de um fato criminoso.

A diferença com a injúria é que, neste caso, estará definido de maneira mais clara o fato que o ofensor acusa a vítima de calúnia de ter cometido (p. ex., que "Tristeu furtou o casaco de Penélope"). No caso visto anteriormente, de injúria, a acusação é mais genérica ("Ele é um ladrão!"), já aqui, o fato específico é indicado. A calúnia pode ocorrer oralmente ou de forma escrita, inclusive por Internet. A penalidade prevista é de detenção, de seis meses a dois anos, e multa. Também poderá sofrer as mesmas sanções ou penalidades aquele que propaga ou divulga as falsas acusações, sendo levada em conta a calúnia contra os mortos.

Todavia, em ambos os casos deve estar comprovado o dolo em injuriar ou caluniar:

APELAÇÃO CRIMINAL. QUEIXA-CRIME. CALÚNIA, INJÚRIA E DIFAMAÇÃO. AUSÊNCIA DE PROVA DA AUTORIA E DE DOLO POR PARTE DO QUERELADO. NÃO HÁ PROVAS ROBUSTAS E APTAS A AUTORIZAR A CONDENAÇÃO DO IMPUTADO. Não há, na hipótese vertente, demonstração inequívoca do dolo específico do querelante quando do envio das mensagens via internet. Parecer ministerial, nesta instância, pela manutenção do veredicto absolutório. À UNANIMIDADE, NEGARAM PROVIMENTO AO APELO, CONFIRMANDO A SENTENÇA ABSOLUTÓRIA PROFERIDA EM PRIMEIRO GRAU. (Apelação Crime Nº 70025261140, Segunda Câmara Criminal, Tribunal de Justiça do RS, Relator: Mario Rocha Lopes Filho, Julgado em 10/02/2010)

Visando a estabelecer-se o contexto da diferenciação, dentre outros aspectos, o STJ na AP 613/SP assim decidiu:

PENAL E PROCESSO PENAL. AÇÃO PENAL PRIVADA ORIGINÁRIA. ART. 105, I, A, DA CF/1988. QUEIXA-CRIME. CALÚNIA, INJÚRIA E DIFAMAÇÃO. ARTS. 138, 139 E 140, C/C ART. 141, INC. II E III E ART. 61, II E 69, TODOS DO CP. CRÍTICA A DECISÃO DE MAGISTRADO. PRESENÇA DE ELEMENTOS SUFICIENTES PARA FUNDAMENTAR A ACUSAÇÃO. RECEBIMENTO.

1. A Constituição da República Federativa do Brasil de 1988, de índole pós-positivista, ao assentar a dignidade humana como um dos valores do Estado de Direito Democrático, influi no ordenamento jurídico como um todo, conduzindo o exegeta a perpassar a tipificação dos delitos por esse cânone pétreo.

2. A honra como bem imaterial é composta da dignidade humana, retratada no hodierno Código Civil como um dos direitos da personalidade.

3. Os crimes contra a honra, a fortiori, devem ser analisados sob o enfoque constitucional da dignidade humana, sendo certo que a práxis tem demonstrado através dos resultados judiciais níveis alarmantes de ineficiência da "ameaça penal", por força de soluções judiciais que desprezam aquele valor fundante da República. 4. Os crimes contra a honra são assim tipificados pelo Código Penal:

Calúnia

Art. 138. Caluniar alguém, imputando-lhe falsamente fato definido como crime:

(...)

Difamação

Art. 139. Difamar alguém, imputando-lhe fato ofensivo à sua reputação: (...)

Injúria

Art. 140. Injuriar alguém, ofendendo-lhe a dignidade ou o decoro: (...)

5. *In casu*, à luz do voto do E. Relator extrai-se as seguintes afirmações, feitas pela querelada, em sítio eletrônico jornalístico de ampla difusão; *verbis*: "[...] mas o Juiz, exorbitando suas funções, abre uma linha paralela de investigação pró-parte, sob o argumento de interesses comerciais – esse nem o experiente Delegado Amaro vislumbrou."

(...)

"Consta dos autos ter sido afirmado que foi aberta uma linha de investigação pró-parte imputando-lhe, em tese, os crimes de abuso de poder e de prevaricação, quando afirmou que foi concedida vista dos autos sigilosos a quem não figurava como parte, quando ventilou a existência de um esquema para blindar criminosos." (...)

"Mais curioso é constatar, a cada dia que passa, o esquema de blindar e apartar os verdadeiros criminosos e denegrir a imagem dos investigadores. Por onde anda [...]? E cito o nome da pessoa. "Do que ele é mesmo acusado, senhor Juiz?"

6. A utilização de expressões afirmativas e presuntiva de imaturidade judicial pró-parte, divulgação por profissional do direito que, por dever de ofício, conhece a linguagem técnica, exacerba a investida sobre a honra alheia.

7. Deveras, a rejeição da queixa pressupõe a inexistência *prima facie* da infração à honra. Ao revés, "a calúnia é a falsa imputação à alguém de fato definido como crime. (...) Na injúria não se imputa fato determinado, mas se formula juízos de valor, exteriorizando-se qualidades negativas ou defeitos que importem menoscabo, ultraje ou vilipêndio de alguém". (APn 390/DF, Rel. Ministro Felix Fischer, Corte Especial, julgado em 01/06/2005, DJ 08/08/2005, p. 175)

8. O artigo 516 do Código de Processo Penal dispõe:

"Art. 516. O juiz rejeitará a queixa ou denúncia, em despacho fundamentado, se convencido, pela resposta do acusado ou do seu defensor, da inexistência do crime ou da improcedência da ação."

9. A doutrina e a jurisprudência do tema assentam que: "Reiterada jurisprudência desta Corte no sentido de que o recebimento da denúncia ou queixa-crime dispensa fundamentação (art. 516 do CPP)". (RHC 9.038/RS, Rel. Ministro Felix Fischer, Quinta Turma, julgado em 02/12/1999, DJ 14/02/2000, p. 46) (...)

"Para rejeitar a denúncia ou a queixa, porém, deve fundar-se em prova líquida ou plena. Caso entenda persistirem os elementos suficientes para fundamentar a acusação, quanto à existência de crime e indício da autoria, deve receber a denúncia ou a queixa". (MIRABETE, Julio Fabbrini. Código de Processo Penal interpretado. 11. ed. São Paulo: Atlas, 2003, p. 1319)

10. Impossibilidade de rejeição liminar da queixa implica, como consequência [sic], o seu recebimento.

11. Queixa-crime recebida. Manutenção da querelada no exercício da função.

8.2.1.3. Difamação

Já a difamação (artigo 139 do Código Penal) envolve a acusação de um fato ofensivo à reputação de alguém. Como exemplo, cita-se caso em que funcionária pública ofereceu queixa-crime contra ofensor que sugeriu que ela estaria beneficiando, com seu trabalho em uma prefeitura do interior gaúcho, as empresas de sua família, para que não pagassem impostos. O ofensor foi condenado a pena de seis meses de detenção em regime aberto e 15 (quinze) dias-multa, fixada a unidade em 1/6 do salário-mínimo, por incurso nas sanções do artigo 139, *caput*, c/c o artigo 141, incisos II e III, ambos do Código Penal.[142]

Os casos de pornografia por vingança – *revenge porn*[143] – e, também, os casos de *bullying* praticados através da Internet podem ser enquadrados no delito de difamação. Em um dos casos, o Ministério Público Federal denunciou um homem de 18 anos que publicou vídeo contendo cena pornográfica envolvendo a ex-namorada, que era menor de idade. Tal divulgação teria ocorrido em páginas da Internet e Whatsapp.[144]

Em muitas situações, a defesa levanta o argumento constitucional de liberdade de expressão, também direito fundamental. Ocorre que, analisados os casos, poderá haver restrições ao exercício da liberdade de expressão, mormente devendo-se observar o exercício dos direitos à personalidade, à honra, ao nome, à boa fama e à intimidade. Na decisão que segue, é representativa de que as ofensas devem ser claras e precisas para poder gerar justa causa para uma ação penal:

> APELAÇÃO-CRIME. ARTIGOS 139 E 140 DO CP. DIFAMAÇÃO E INJÚRIA. FALTA DE INTIMAÇÃO DO MINISTÉRIO PÚBLICO EM ATUAÇÃO NO PRIMEIRO GRAU PARA APRESENTAR PARECER. MERA IRREGULARIDADE. REJEIÇÃO DA QUEIXA CRIME. AUSÊNCIA DE JUSTA CAUSA. MANUTENÇÃO DO *DECISUM*. 1. O fato de o representante ministerial em atuação no Primeiro Grau de jurisdição não ter sido intimado para apresentar parecer ao recurso interposto constitui mera irregularidade. 2. A conduta descrita na inicial não integra os elementos de quaisquer dos dois crimes contra a honra. Para que se configure o ilícito penal de difamação e/ou injúria, neces-

---

[142] Recurso Crime n. 71003112711, Turma Recursal Criminal do TJRS, Dr. Edson Jorge Cechet, relator, julgado em 04/07/2011.

[143] Para mais sobre o tema da violência contra a mulher na Internet: WENDT, Emerson; AZEREDO, Caroline M. O.; CARLOS, Paula P. A Internet e a violência contra a mulher: uma análise sobre a aplicação da Lei Maria da Penha aos casos de violência psicológica no contexto virtual. *Revista Brasileira de Ciências Criminais*, v. 119, p. 305-326, 2016. WENDT, Emerson. Morocha. Virtual: alguns aspectos da violência de gênero na Internet. *Revista Eletrônica Direito & TI*, v. 1, p. 1-5, 2015. WENDT, Emerson. Morocha Virtual: revenge porn e o Direito Penal brasileiro. *Revista Eletrônica Direito & TI*, v. 1, p. 1-5, 2015.

[144] JUSBRASIL. *MPF denuncia namorado que divulgou na internet vídeo de relações íntimas*. 2014. Disponível em: <https://pr-pb.jusbrasil.com.br/noticias/159067900/mpf-denuncia-namorado-que-divulgou-na-internet-video-de-relacoes-intimas>. Acesso em: 10 out. 2017.

sária a descrição de fato ofensivo que pudesse violar a honra subjetiva da querelante, além de ânimo de ofensa, por parte do querelado. 3. Escrito no Facebook, como crítica a colega de trabalho, não tem o efeito de ofender a honra de paciente em retorno de consulta, demonstrando mero *animus criticandi* e não caracterizando conduta criminosa. Inexistência do dolo ofensivo: "O propósito de ofender integra o conteúdo do fato dos crimes contra a honra como elemento subjetivo do tipo inerente à ação de ofender. Consequentemente, este não se realiza se a manifestação dita ofensiva foi feita com o propósito de informar ou narrar um acontecimento (*animus narrandi*) ou de debater ou criticar (*animus criticandi*)." (STF. RT 625/374). 4. Ausente justa causa para a ação penal privada, correta a decisão que rejeitou a queixa-crime. APELAÇÃO IMPROVIDA. (Recurso Crime nº 71006154884, Turma Recursal Criminal, Turmas Recursais, Relator: Edson Jorge Cechet, Julgado em 26/09/2016)

De outra parte, presentes os requisitos, a ação penal (queixa-crime) tem seguimento para verificação de sua procedência ou não:

QUEIXA-CRIME. CRIMES CONTRA A HONRA. REQUISITOS PREENCHIDOS. IMPOSSIBILIDADE DE REJEIÇÃO. Se a peça inicial acusatória descreve um fato típico, ilícito e culpável, com base em informações documentadas e discorrendo sobre crimes em tese, não pode ser rejeitada *in limine*. Não se pode falar em inépcia da queixa-crime, quando ela contém, *quantum satis*, os necessários esclarecimentos de forma a possibilitar ao querelado conhecimento pleno dos fatos delituosos que lhe é imputados, permitindo-lhe ampla defesa. Por outro lado, o texto publicado no Facebook tem potencial ofensivo à honra e só com a produção de provas e argumentações das partes, chegará a uma conclusão razoável sobre os fatos. Por fim, também é indispensável o processamento da queixa-crime, para se concluir se o querelado goza ou não da imunidade prevista nos artigos 142, III, do Código Penal e 41, V, da Lei Orgânica Nacional do Ministério Público. DECISÃO: Queixa-crime recebida por maioria de votos. (Crimes contra a honra nº 70063655682, Tribunal Pleno, Tribunal de Justiça do RS, Relator: Newton Brasil de Leão, Redator: Sylvio Baptista Neto, Julgado em 11/05/2015)

Assim, quando vários direitos fundamentais parecem conflitar (suposto ofensor e suposto ofendido), aplica-se o critério de harmonização através da ponderação deles, utilizando-se princípios os princípios da proporcionalidade e razoabilidade. Para tanto, cada caso é avaliado, individualmente, dentro do contexto geral das normas e princípios aplicáveis.

8.2.1.4. Homicídio e incitação ao suicídio

A calúnia, a injúria e a difamação são crimes contra a pessoa, mas também outros crimes são assim classificados, como o próprio homicídio e a lesão corporal. Nesse sentido, se alguém causar, através do meio digital, a morte de alguém, poderá responder também por homicídio (com uma pena que pode ir de 6 a 20 anos de reclusão).

Se, por exemplo, alguém invadir a rede de informações de um aeroporto, alterando os voos e causando uma pane e morte de passageiros de avião, o causador da pane pode ser condenado por homicídio doloso. Outro exemplo de caso de homicídio é alguém invadir a rede de dados de um hospital e desligar os aparelhos de várias pessoas ou de uma pessoa em específico, ou, ainda, modificar-lhe a medicação que, ao ser medicada, cause a morte do desafeto. Além disso, outras possibilidades de homicídios com uso da tecnologia digital em cidades/empreendimentos digitais são (a) manipulação de sinais de trânsito, causando acidentes e mortes, (b) desligamento remoto de elevadores, causado a queda e morte de pessoas, e, (c) controle remoto de veículos e acionamento abrupto dos freios.

Outro crime incomum, mas que também tem ocorrido, é a indução ao suicídio, especialmente pelo meio digital/mídias sociais, e a pena prevista está no artigo 122 do Código Penal, podendo ser de dois a seis anos (a pena pode ser duplicada dependendo da existência de agravantes).[145]

8.2.1.5. Racismo e xenofobia

Tanto o racismo quanto a xenofobia, envolvendo a difusão de imagens, ideias ou teorias que preconizem ou incentivem o ódio, a discriminação ou a violência contra uma pessoa ou contra um grupo de pessoas, em razão da raça, religião, cor, ascendência, origem nacional ou étnica estão previstos como prática ou incitação ao ilícito do racismo, reprimido pelo artigo 20, *caput* e § 2º, da Lei 7.716/89.

Assim foi reconhecido em decisão do STF:

HABEAS CORPUS. PUBLICAÇÃO DE LIVROS: ANTI-SEMITISMO. RACISMO. CRIME IMPRESCRITÍVEL. CONCEITUAÇÃO. ABRANGÊNCIA CONSTITUCIONAL. LIBERDADE DE EXPRESSÃO. LIMITES. ORDEM DENEGADA. 1. Escrever, editar, divulgar e comerciar livros "fazendo apologia de idéias preconceituosas e discriminatórias" contra a comunidade judaica (Lei 7.716/89, artigo 20, na redação dada pela Lei 8081/90) constitui crime de racismo sujeito às cláusulas de inafiançabilidade e imprescritibilidade (CF, artigo 5º, XLII). 2. Aplicação do princípio da prescritibilidade geral dos crimes: se os judeus não são uma raça, segue-se que contra eles não pode haver discriminação capaz de ensejar a exceção constitucional de imprescritibilidade. Inconsistência da premissa. 3. Raça humana. Subdivisão. Inexistência. Com a definição e o mapeamento do genoma humano, cientificamente não existem distinções entre os homens, seja pela segmentação da pele, formato dos olhos, altura, pêlos ou por quaisquer outras características físicas, visto que todos se qualificam como espécie humana. Não há diferenças biológicas entre os seres humanos. Na essência

---

[145] Em 2007 foi noticiado um caso relacionado ao uso da rede social Orkut: AGÊNCIA ESTADO. *Polícia investiga possível indução a suicídio no Orkut.* 22/03/2007. Disponível em: <http://brasil.estadao.com.br/noticias/geral,policia-investiga-possivel-inducao-a-suicidio-no-orkut,20070322p17356>. Acesso em: 10 out. 2017.

são todos iguais. 4. Raça e racismo. A divisão dos seres humanos em raças resulta de um processo de conteúdo meramente político-social. Desse pressuposto origina-se o racismo que, por sua vez, gera a discriminação e o preconceito segregacionista. 5. Fundamento do núcleo do pensamento do nacional-socialismo de que os judeus e os arianos formam raças distintas. Os primeiros seriam raça inferior, nefasta e infecta, características suficientes para justificar a segregação e o extermínio: inconciabilidade com os padrões éticos e morais definidos na Carta Política do Brasil e do mundo contemporâneo, sob os quais se ergue e se harmoniza o estado democrático. Estigmas que por si só evidenciam crime de racismo. Concepção atentatória dos princípios nos quais se erige e se organiza a sociedade humana, baseada na respeitabilidade e dignidade do ser humano e de sua pacífica convivência no meio social. Condutas e evocações aéticas e imorais que implicam repulsiva ação estatal por se revestirem de densa intolerabilidade, de sorte a afrontar o ordenamento infraconstitucional e constitucional do País. 6. Adesão do Brasil a tratados e acordos multilaterais, que energicamente repudiam quaisquer discriminações raciais, aí compreendidas as distinções entre os homens por restrições ou preferências oriundas de raça, cor, credo, descendência ou origem nacional ou étnica, inspiradas na pretensa superioridade de um povo sobre outro, de que são exemplos a xenofobia, "negrofobia", "islamafobia" e o anti-semitismo. 7. A Constituição Federal de 1988 impôs aos agentes de delitos dessa natureza, pela gravidade e repulsividade da ofensa, a cláusula de imprescritibilidade, para que fique, ad perpetuam rei memoriam, verberado o repúdio e a abjeção da sociedade nacional à sua prática. 8. Racismo. Abrangência. Compatibilização dos conceitos etimológicos, etnológicos, sociológicos, antropológicos ou biológicos, de modo a construir a definição jurídico-constitucional do termo. Interpretação teleológica e sistêmica da Constituição Federal, conjugando fatores e circunstâncias históricas, políticas e sociais que regeram sua formação e aplicação, a fim de obter-se o real sentido e alcance da norma. 9. Direito comparado. **A exemplo do Brasil as legislações de países organizados sob a égide do estado moderno de direito democrático igualmente adotam em seu ordenamento legal punições para delitos que estimulem e propaguem segregação racial**. Manifestações da Suprema Corte Norte-Americana, da Câmara dos Lordes da Inglaterra e da Corte de Apelação da Califórnia nos Estados Unidos que consagraram entendimento que aplicam sanções àqueles que transgridem as regras de boa convivência social com grupos humanos que simbolizem a prática de racismo. 10. **A edição e publicação de obras escritas veiculando idéias anti-semitas, que buscam resgatar e dar credibilidade à concepção racial definida pelo regime nazista, negadoras e subversoras de fatos históricos incontroversos como o holocausto, consubstanciadas na pretensa inferioridade e desqualificação do povo judeu, equivalem à incitação ao *discrímen* com acentuado conteúdo racista, reforçadas pelas conseqüências históricas dos atos em que se baseiam**. 11. Explícita conduta do agente responsável pelo agravo revelador de manifesto dolo, baseada na equivocada premissa de que os judeus não só são uma raça, mas, mais do que isso, um segmento racial atávica e geneticamente menor e pernicioso. 12. Discriminação que, no caso, se evidencia como deliberada e dirigida especificamente aos judeus, que configura ato ilícito de prática de racismo, com as conseqüências gravosas que o acompanham. 13. Liberdade de expressão. Garantia constitucional que não se tem como absoluta. Limites morais e jurídicos. O direito à livre expressão não pode abrigar, em sua abrangência, manifestações de conteúdo imoral que implicam ilicitude penal. 14. As liberdades públicas não são incondicionais, por isso devem ser exercidas de maneira harmônica, observados os limites definidos na própria Constituição Federal (CF, artigo 5º, § 2º, primeira parte). O preceito fundamental de liberdade de expressão não consagra o "direito à incitação ao racismo", dado que um direito individual não pode constituir-se em salvaguarda de condutas ilícitas, como sucede com os delitos contra a honra. Prevalência dos princípios da dignidade da pessoa humana e da igualdade jurídica. 15. "Existe um nexo estreito entre a imprescritibilidade, este tempo jurídico que se escoa sem encontrar termo, e a memória, apelo do passado à disposição dos vivos, triunfo da lembrança sobre o esquecimento". No estado de direito democrático devem ser intransigentemente respeitados os princípios que garantem a prevalência dos direitos humanos. Jamais podem se apagar da memória dos povos que se pretendam justos os atos repulsivos do passado que permitiram e incentivaram o ódio entre iguais por motivos raciais de torpeza inominável. 16. A ausência de prescrição nos crimes de racismo justifica-se como alerta grave para as gerações de hoje e de amanhã, para que se impeça a reinstauração de velhos e ultrapassados conceitos que a consciência jurídica e histórica não mais admitem. Ordem denegada. (HC 82424, Relator(a): Min. MOREIRA ALVES, Relator(a) p/ Acórdão: Min. MAURÍCIO CORRÊA, Tribunal Pleno, julgado em 17/09/2003, DJ 19-03-2004 PP-00017 EMENT VOL-02144-03 PP-00524) (grifos nossos)

8.2.1.6. Pedofilia (crimes contra a liberdade sexual de crianças e adolescentes)

Ainda é necessário citar outros crimes que têm-se tornado comuns e demandaram a promulgação de legislação mais severa, como no caso da *pedofilia*. Na pedofilia, entendida como crime contra os costumes, há crime contra crianças e pré-adolescentes, independentemente da realização do ato sexual e podendo ter caráter homossexual ou heterossexual.

A OMS, Organização Mundial da Saúde, define pedofilia como uma doença, transtorno mental e desvio sexual simultaneamente. Para esse crime, aplica-se a Lei 11.829/08, que modificou o Estatuto da Criança e do Adolescente e prevê, através do artigo 241-A, a pena de reclusão de três a seis anos e multa para quem "Oferecer, trocar, disponibilizar, transmitir, distribuir, publicar ou divulgar por qualquer meio, inclusive por meio de sistema de informática ou telemático, fotografia, vídeo ou outro registro que contenha cena de sexo explícito ou pornográfica envolvendo criança ou adolescente".

Na mesma pena pode incorrer a pessoa que assegura os meios ou serviços para o armazenamento das fotografias, cenas ou imagens de que trata o *caput* do artigo citado, ou, assegura, por qualquer meio, o acesso por rede de computadores às fotografias, cenas ou imagens que contenham sexo explícito ou pornografia envolvendo criança ou adolescente, sendo punível quando o responsável legal pela prestação do serviço, oficialmente notificado, deixa de desabilitar o acesso ao conteúdo ilícito em questão.

Também estão previstos no Estatuto da Criança e do Adolescente os delitos de:

Armazenamento de conteúdo pedófilo:

Art. 241-B. Adquirir, possuir ou armazenar, por qualquer meio, fotografia, vídeo ou outra forma de registro que contenha cena de sexo explícito ou pornográfica envolvendo criança ou adolescente:

Pena – reclusão, de 1 (um) a 4 (quatro) anos, e multa.

§ 1º A pena é diminuída de 1 (um) a 2/3 (dois terços) se de pequena quantidade o material a que se refere o caput deste artigo.

§ 2º Não há crime se a posse ou o armazenamento tem a finalidade de comunicar às autoridades competentes a ocorrência das condutas descritas nos arts. 240, 241, 241-A e 241-C desta Lei, quando a comunicação for feita por:

I – agente público no exercício de suas funções;

II – membro de entidade, legalmente constituída, que inclua, entre suas finalidades institucionais, o recebimento, o processamento e o encaminhamento de notícia dos crimes referidos neste parágrafo;

III – representante legal e funcionários responsáveis de provedor de acesso ou serviço prestado por meio de rede de computadores, até o recebimento do material relativo à notícia feita à autoridade policial, ao Ministério Público ou ao Poder Judiciário.

§ 3º As pessoas referidas no § 2º deste artigo deverão manter sob sigilo o material ilícito referido.

A situação de armazenamento de cenas de sexo explícito envolvendo crianças e adolescentes é uma das poucas – nos casos de pedofilia com utilização (de rede) de computadores, que permite a autuação em flagrante do indivíduo.[146]

Simulação de participação de criança e adolescente em cena de sexo explícito ou pornografia:

Art. 241-C. Simular a participação de criança ou adolescente em cena de sexo explícito ou pornográfica por meio de adulteração, montagem ou modificação de fotografia, vídeo ou qualquer outra forma de representação visual:

Pena – reclusão, de 1 (um) a 3 (três) anos, e multa.

Parágrafo único. Incorre nas mesmas penas quem vende, expõe à venda, disponibiliza, distribui, publica ou divulga por qualquer meio, adquire, possui ou armazena o material produzido na forma do caput deste artigo.

Aliciamento de criança para fins de ato libidinoso:

---

[146] NAGEL, Luciano. *Estudante de medicina é preso por pedofilia no RS*. Agência Estado. 2017. Disponível em: <http://brasil.estadao.com.br/noticias/geral,estudante-de-medicina-e-preso-por-pedofilia-no-rs,70002007264>. Acesso em: 10 out. 2017.

Art. 241-D. Aliciar, assediar, instigar ou constranger, por qualquer meio de comunicação, criança, com o fim de com ela praticar ato libidinoso:
Pena – reclusão, de 1 (um) a 3 (três) anos, e multa.
Parágrafo único. Nas mesmas penas incorre quem:
I – facilita ou induz o acesso à criança de material contendo cena de sexo explícito ou pornográfica com o fim de com ela praticar ato libidinoso;
II – pratica as condutas descritas no caput deste artigo com o fim de induzir criança a se exibir de forma pornográfica ou sexualmente explícita.

Por fim, importante esclarecer que não é qualquer imagem ou vídeo que caracteriza o delito. Pelo art. 241-E do ECA, a expressão "cena de sexo explícito ou pornográfica" compreende qualquer situação que envolva criança ou adolescente em atividades sexuais explícitas, reais ou simuladas, ou exibição dos órgãos genitais de uma criança ou adolescente para fins primordialmente sexuais.

Recentemente, a investigação dos casos de pedofilia pela Internet ganhou um importante procedimento: a infiltração de agentes policiais na Internet, autorizada judicialmente.[147]

8.2.2. Crimes contra o patrimônio – fraudes eletrônicas

8.2.2.1. Furto (e roubo) e extorsão

Os crimes contra o patrimônio fazem referência àqueles bens que possuem um valor econômico para a pessoa, aferíveis economicamente. Entre os mais comuns está o crime de furto, "subtrair, para si ou para outrem, coisa alheia móvel; pena – reclusão, de 1 (um) a 4 (quatro) anos, e multa". Nesse caso, o que distingue o roubo do furto é a ausência de violência no caso de furto. A subtração de coisa alheia pode acontecer não apenas por meio eletrônico, mas também através de animais e instrumentos. Por isso, em geral, crimes praticados pelo meio digital têm aplicação do tipo penal do furto, como o furto de credenciais para acesso às contas bancárias, milhagem de companhias aéreas, dentre outras ações.

Discute-se, entretanto, se faz sentido, no caso de furto de senhas e valores envolvendo altíssimas somas, se a penalidade prevista para tal tipo penal é efetivamente suficiente e adequada para tal ação praticada no meio digital. Tudo está a indicar que não, que a pena deveria

---

[147] Para ler sobre o procedimento e as *nuances* que o envolvem, ver WENDT, Emerson. Infiltração de agentes policiais na Internet nos casos de "pedofilia": limites e perspectivas investigativas. In: Clayton da Silva Bezerra; Giovani Celso Agnoletto. (Org.). *Pedofilia*: Repressão aos Crimes de Violência Sexual Contra Crianças e Adolescentes. Rio de Janeiro: Mallet Editora, 2017, v. 1, p. 147-162.

ser maior, a fim de que o agente não seja rapidamente liberado e continue praticando os crimes, em geral, já na condição de milionário,[148] podendo facilitar fugas, promover novos crimes, contratar bons advogados etc.

No caso do artigo 157, § 3º, do Código Penal brasileiro, também há previsão de roubo qualificado quando "da violência resulta lesão corporal de natureza grave, fixando-se a pena num patamar superior ao fixado anteriormente, aqui reclusão de 5 (cinco) à 15 (quinze) anos, além da multa". Se a vítima vem a falecer, o tipo penal aplicável é de latrocínio, com pena de reclusão de 20 a 30 anos se resulta a morte, sendo ainda aplicáveis as possíveis qualificações da pena.

No entanto, não é crível uma situação fática de roubo pela Internet, mas sim de extorsão. O caso mais conhecido é o da atriz Carolina Dieckmann, quando os autores exigiram, para não haver a publicação de fotos íntimas, o valor de R$ 10.000,00. O enquadramento penal está previsto art. 158 do Código Penal:

> Art. 158. Constranger alguém, mediante violência ou grave ameaça, e com o intuito de obter para si ou para outrem indevida vantagem econômica, a fazer, tolerar que se faça ou deixar fazer alguma coisa:
>
> Pena – reclusão, de quatro a dez anos, e multa.
>
> § 1º – Se o crime é cometido por duas ou mais pessoas, ou com emprego de arma, aumenta-se a pena de um terço até metade.
>
> [...]

Atualmente, os casos mais típicos de extorsão pela Internet são os de *ransomware*. Conforme MASSENO e WENDT:[149]

> Em extrema síntese, o mesmo pode-se resumir em quatro passos, todos eles necessários para a identificação do nosso objeto:
>
> 1) a obtenção de acesso ao sistema informático da vítima, com ou sem engano, por parte do(s) autor(es);
>
> 2) a que se segue a inserção no referido sistema de um código, o qual encripta dados, com base em um mecanismo de chaves assimétricas, gerando adicionalmente uma identificação personalizada desse mesmo sistema;
>
> 3) depois, tem lugar uma comunicação à vítima do ocorrido, assim como do montante exigido, para facultar/entregar a chave personalizada de desencriptação, enviando valores em criptomoedas (para não ser rastreável), e o endereço (carteira) para onde deve ser enviado, junto com a identificação personalizada do sistema em causa; e

---

[148] ROSA, João Luiz. *Brasil perde R$ 2,3 bi com fraudes em transações financeiras em 2013*. Valor Econômico. 2014. Disponível em: <http://www.valor.com.br/financas/3502148/brasil-perde-r-23-bi-com-fraudes-em-transacoes-financeiras-em-2013>. Acesso em: 10 out. 2017.

[149] WENDT, Emerson; MASSENO, Manuel David. O *ransomware* na Lei: apontamentos breves de Direito Português e Brasileiro. *Revista Eletrônica Direito & TI*, v. 1, p. 1-13, 2017.

4) finalmente, uma vez, efetuado o pagamento, a vítima recebe uma chave personalizada de desencriptação que lhe permite recuperar os dados.

Conforme os autores citados, os ataques de *ransomware*, próprio de extorsão em criptomoedas, são

> ataques de escala internacional, quase sempre provenientes do Exterior, com as inerentes dificuldades técnicas de rastreamento. Dificuldades essas a que se juntam as jurídicas, sobretudo quando a cooperação policial internacional é dificultada pela não pertença a redes internacionais, como ocorre com o Brasil relativamente à instituída pela *Convenção de Budapeste*.

Esse pedido de resgate é característico da extorsão e ocorre após grave ameaça de não poder ter mais acesso legítimo aos dados e informações, criptografados pela ação do código malicioso (*ransomware*).

8.2.2.2. Dano

O crime de dano está previsto no artigo 163 do Código Penal, e apesar de não haver menção explícita à informática é, muitas vezes, também aplicado. É o caso, por exemplo, do *cracker*, que, dependendo do que faz com sua ação pode estar incurso no crime de dano, descrito no art. 163 do Código Penal.[150] No entanto, o valor do dano deve ser tangível, quantificável.

É o caso do ataque de negação de serviço a *sites*, serviços privados, quando não há invasão de sistemas, mas sim interrupção, suspensão das atividades decorrentes da ação delituosa.

Importante frisar que se o ataque de negação de serviço for relativo a um serviço público na rede mundial de computadores, poderemos ter, dependendo do contexto, a aplicação ou do art. 265 (atentado contra serviço de utilidade pública) ou do art. 266 (interrupção de serviço telemático ou de informação de utilidade pública, ou impede ou dificulta-lhe o restabelecimento).[151]

---

[150] *Crime de Dano:* Art. 163. Destruir, inutilizar ou deteriorar coisa alheia: Pena – detenção, de um a seis meses, ou multa. *Dano qualificado.* Parágrafo único – Se o crime é cometido: I – com violência à pessoa ou grave ameaça; II – com emprego de substância inflamável ou explosiva, se o fato não constitui crime mais grave; III – contra o patrimônio da União, Estado, Município, empresa concessionária de serviços públicos ou sociedade de economia mista; IV – por motivo egoístico ou com prejuízo considerável para a vítima: Pena – detenção, de seis meses a três anos, e multa, além da pena correspondente à violência.

[151] *Atentado contra a segurança de serviço de utilidade pública:* Art. 265 – Atentar contra a segurança ou o funcionamento de serviço de água, luz, força ou calor, ou qualquer outro de utilidade pública: Pena – reclusão, de um a cinco anos, e multa. Parágrafo único – Aumentar-se-á a pena de 1/3 (um terço) até a metade, se o dano ocorrer em virtude de subtração de material essencial ao funcionamento dos serviços. *Interrupção ou perturbação de serviço telegráfico, telefônico, informático, telemático ou de informação de utilidade.* Art. 266. Interromper ou perturbar serviço telegráfico, radiotelegráfico ou telefônico, impedir ou dificultar-lhe o restabelecimento: Pena – detenção, de

8.2.2.3. Estelionato

Entre os tipos criminais mais comuns, entretanto, aplicados pelo uso da Internet, contra o patrimônio, está o estelionato. É o caso de compras realizadas por meio da Internet com a utilização de cartões e dados de terceiros. A diferença para o furto está no fato de que a vítima é ludibriada, em geral induzida a crer que está fazendo algo lícito. Já no furto, a vítima não tem conhecimento do fato. Ainda que exista uma fraude, ela serve para enganar a vigilância da vítima, enquanto no estelionato a fraude costuma envolver o consentimento viciado da vítima (uma vontade livre, mas viciada, pois há o engano da mesma ao manifestar sua vontade).

Em muitos casos, o tipo penal do estelionato está sendo aplicado para o que ficou conhecido como *phishing* ou *phishing scam* (pescaria virtual), pois trata-se de um modo de fraudar e iludir a vítima, aplicando-se então o artigo 171 do Código Penal, que dispõe que é crime "obter, para si ou para outrem, vantagem ilícita, em prejuízo alheio, induzindo alguém em erro, mediante artifício, ardil ou qualquer outro meio fraudulento". Muitos casos já foram julgados, em geral envolvendo o desvio de valores de contas bancárias, através de construção de páginas falsas, ou envio de mensagem que contenha elementos capazes de furtar a senha da vítima. Muitas vezes, dessa forma, as decisões também indicam que há crime de furto qualificado, aplicando-se então o artigo 155, § 4º, II, do Código Penal.

Nesse caso, houve projeto que estava tramitando no Congresso Nacional, sobre crimes digitais (PLC 89-2003 no Senado, PL 84/99 na Câmara), no qual havia sido incluído um tipo chamado de "falsidade informática", por meio do acréscimo do art. 154-C ao Código Penal. Já em substitutivo que foi apresentado, posteriormente, no âmbito da Comissão de Educação do Senado, a mesma conduta recebeu o nome de "fraude eletrônica". Embora com redações diferentes, ambas as propostas pretendiam tipificar as condutas de fraudes na Internet, tais como *phishing* ou *scam*.

Os PLs foram rejeitados nesse contexto, remanescendo o que gerou a Lei 12.737/12, conhecida como Lei Carolina Dieckmann, objeto de análise mais adiante. No entanto, cumpre já referenciar o incremento legislativo feito pela referida lei no art. 298 do Código Penal, considerando falsificação de documento particular a "falsificação de cartão" e atribuindo a mesma pena para quem falsificar "o cartão de

---

um a três anos, e multa. § 1º Incorre na mesma pena quem interrompe serviço telemático ou de informação de utilidade pública, ou impede ou dificulta-lhe o restabelecimento. § 2º Aplicam-se as penas em dobro se o crime é cometido por ocasião de calamidade pública.

crédito ou débito". No entanto, o uso do cartão de crédito ou de débito falsificado e com intuito de vantagem ilícita configura o estelionato, estando aquele delito absorvido por este.

8.2.2.4. Crimes contra a propriedade intelectual

Os crimes contra a propriedade intelectual envolvem desde violação de direito de autor, como plágio e pirataria, até a violação de propriedade industrial (marcas, patentes, desenho industrial), concorrência desleal e propaganda enganosa. Nesses casos, estamos falando de violações a direitos sobre bens intelectuais, que podem ser obras artísticas ou literárias (com objeto e sanções cíveis previstas na Lei 9.610/98, e sanções penais no artigo 184 do Código Penal), mas também objetos criativos protegidos pela propriedade industrial (Lei 9.279/96, com previsão penal na mesma legislação, além dos artigos 183 e seguintes).

A violação de direito autoral envolve a "reprodução total ou parcial, com intuito de lucro direto ou indireto, por qualquer meio ou processo, de obra intelectual, interpretação, execução ou fonograma, sem autorização expressa do autor, do artista intérprete ou executante, do produtor, conforme o caso, ou de quem os represente" (artigo 184 do Código Penal, com redação dada pela Lei nº 10.695, de 1º de julho de 2003). Nesse caso, a pena prevista é a reclusão de 2 (dois) a 4 (quatro) anos e multa.

Para que se configure a hipótese desse parágrafo, necessário se torna, conforme expresso, que o sujeito pratique a conduta descrita para fins de comércio, de modo que, se a reprodução se realizar e o agente não tiver o intuito de lucro, o fato é atípico. Já o § 2º do artigo prevê que incorre na mesma pena quem, com o intuito de lucro direto ou indireto, distribui, vende, expõe à venda, aluga, introduz no País, adquire, oculta, tem, em depósito, original ou cópia de obra intelectual ou fonograma reproduzido com violação do direito de autor, do direito de artista intérprete ou executante ou do direito do produtor de fonograma, ou, ainda, quem aluga original ou cópia de obra intelectual ou fonograma sem a expressa autorização dos titulares dos direitos ou de quem os represente.

A pena será, entretanto, de reclusão de 2 (dois) a 4 (quatro) anos e multa se a violação consistir no oferecimento ao público, mediante cabo, fibra ótica, satélite, ondas ou qualquer outro sistema que permita ao usuário realizar a seleção da obra ou produção para recebê-la em um tempo e lugar previamente determinados por quem formula a demanda, com intuito de lucro, direto ou indireto, sem autorização expressa, conforme o caso, do autor, do artista intérprete ou executante, do produtor de fonograma ou de quem os represente.

Assim, há que se configurar o lucro direto (cobrança, via pagamentos *online* por cartões de débito/crédito, e doações, por exemplo) ou indireto. Neste caso, de lucro indireto, há uma dificuldade maior na busca das evidências, pois que, em regra, a aquisição financeira ocorre com base nos *clicks* dados pelos usuários para fazer o *download* do arquivo, o que leva à monetização do mantenedor do sítio, página na *web*. Pelas disposições do Marco Civil da Internet, as aplicações que oferecem pagamentos em troca de valores, em reais ou moeda estrangeira, deverão fornecer os dados para instruir investigação criminal, dados esses que comprovam ou não o lucro indireto com o oferecimento/disponibilização de obra com direitos de autor protegidos.

Já o § 4º do artigo 184, também introduzido pela Lei nº 10.695/03, traz uma exceção bastante criticada: não se aplica quando se tratar de exceção ou limitação ao direito de autor ou os que lhe são conexos, em conformidade com o previsto na Lei nº 9.610, de 19 de fevereiro de 1998, nem a cópia de obra intelectual ou fonograma, em um só exemplar, para uso privado do copista, sem intuito de lucro direto ou indireto.

Parece que o legislador estava prestando atenção na legislação de 1973, Lei 5.988, que autorizava a reprodução de um exemplar para fins privados. Entretanto, a lei atual não tem essa previsão, pois seu artigo 46, II, apenas autoriza a reprodução de "pequenos trechos". Com isso, o próprio parágrafo ficou bastante deslocado, uma vez que já seria óbvio que tal não seria aplicável se resultado de exceção já prevista em lei, ao mesmo tempo em que faz previsão distinta da lei civil, que não permite a cópia de um exemplar para fins privados. Isso significa que, se alguém faz o *download* de uma música inteira para fins privados, não incorre em ilícito penal. Entretanto, o ilícito civil permanece, uma vez que o critério para liberar o uso sem autorização é bastante restrito, exigindo que seja apenas "um trecho" da obra, sem fins lucrativos.

Já em relação aos crimes contra patentes de invenção e modelo de utilidade, a previsão está no artigo 183 da Lei 9.279/96: comete crime contra patente de invenção ou de modelo de utilidade quem fabrica produto que seja objeto de patente de invenção ou de modelo de utilidade sem autorização do titular; ou usa meio ou processo que seja objeto de patente de invenção sem autorização do titular. A pena prevista é detenção de 3 (três) meses a 1 (um) ano ou multa. O artigo 186 cuida de destacar que os crimes se caracterizam ainda que a violação não atinja todas as reivindicações da patente ou se restrinja à utilização de meios equivalentes ao objeto da patente.

Também comete crime contra patente de invenção ou de modelo de utilidade quem exporta, vende, expõe ou oferece à venda, tem em estoque, oculta ou recebe, para utilização com fins econômicos, produto fabricado com violação de patente de invenção ou de modelo de utilidade, ou obtido por meio ou processo patenteado; ou quem importa produto que seja objeto de patente de invenção ou de modelo de utilidade ou obtido por meio ou processo patenteado no País, para os fins previstos no inciso anterior, e que não tenha sido colocado no mercado externo diretamente pelo titular da patente ou com seu consentimento. A pena será de detenção de um a três meses ou multa.

Também constitui crime a ação de fornecer componente de um produto patenteado, ou material ou equipamento para realizar um processo patenteado, desde que a aplicação final do componente material ou equipamento induza, necessariamente, à exploração do objeto da patente. Nesse caso, a pena prevista também é detenção de um a três meses ou multa.

No caso de desenhos industriais, constitui crime, segundo o artigo 187, fabricar, sem autorização do titular, produto que incorpore desenho industrial registrado ou imitação substancial que possa induzir em erro ou confusão. A pena prevista é a detenção de três meses a um ano ou multa. Também incorre em crime aquele que exporta, vende, expõe ou oferece à venda, tem em estoque, oculta ou recebe, para utilização com fins econômicos, objeto que incorpore ilicitamente desenho industrial registrado ou imitação substancial que possa induzir em erro ou confusão; ou, ainda, importa produto que incorpore desenho industrial registrado no País ou imitação substancial que possa induzir em erro ou confusão, para os fins previstos no inciso anterior, e que não tenha sido colocado no mercado extremo diretamente pelo titular ou com seu consentimento. A pena prevista é de detenção, de um a três meses, ou multa.

O uso não autorizado de sinais registráveis, conhecidos como marcas ou sinais distintivos, também pode configurar crime, no caso, contra registro de marca, sendo aplicável também uma pena de detenção, de três meses a um ano, ou multa, a quem reproduz, sem autorização do titular, no todo ou em parte, marca registrada, ou imita-a de modo que possa induzir confusão; ou, ainda, altera marca registrada de outrem já aposta em produto colocado no mercado.

Poderá também constituir crime contra registro de marca, com a mesma penalidade, quem importa, exporta, vende, oferece ou expõe à venda, oculta ou tem em estoque produto assinalado com marca ilicitamente reproduzida ou imitada, de outrem, no todo ou em parte; ou produto de sua indústria ou comércio, contido em vasilhame, recipiente ou embalagem que contenha marca legítima de outrem.

8.2.3. Crimes da Lei Carolina Dieckmann – Lei 12.737/2012

A Lei 12.737/2012 foi aprovada em um tempo célere no Congresso Nacional, ou seja, em menos de um ano após a sua proposição. Inseriu dois artigos sequenciais (154-A e 154-B) e incrementou outros dois (266 e 298) do Código Penal brasileiro. Sobre estes últimos já referimos.

Invasão de dispositivo informático

Art. 154-A. Invadir dispositivo informático alheio, conectado ou não à rede de computadores, mediante violação indevida de mecanismo de segurança e com o fim de obter, adulterar ou destruir dados ou informações sem autorização expressa ou tácita do titular do dispositivo ou instalar vulnerabilidades para obter vantagem ilícita:

Pena – detenção, de 3 (três) meses a 1 (um) ano, e multa.

§ 1º Na mesma pena incorre quem produz, oferece, distribui, vende ou difunde dispositivo ou programa de computador com o intuito de permitir a prática da conduta definida no caput.

§ 2º Aumenta-se a pena de um sexto a um terço se da invasão resulta prejuízo econômico.

§ 3º Se da invasão resultar a obtenção de conteúdo de comunicações eletrônicas privadas, segredos comerciais ou industriais, informações sigilosas, assim definidas em lei, ou o controle remoto não autorizado do dispositivo invadido:

Pena – reclusão, de 6 (seis) meses a 2 (dois) anos, e multa, se a conduta não constitui crime mais grave.

§ 4º Na hipótese do § 3º, aumenta-se a pena de um a dois terços se houver divulgação, comercialização ou transmissão a terceiro, a qualquer título, dos dados ou informações obtidos.

§ 5º Aumenta-se a pena de um terço à metade se o crime for praticado contra:

I – Presidente da República, governadores e prefeitos;

II – Presidente do Supremo Tribunal Federal;

III – Presidente da Câmara dos Deputados, do Senado Federal, de Assembleia Legislativa de Estado, da Câmara Legislativa do Distrito Federal ou de Câmara Municipal; ou

IV – dirigente máximo da administração direta e indireta federal, estadual, municipal ou do Distrito Federal.

Ação penal

Art. 154-B. Nos crimes definidos no art. 154-A, somente se procede mediante representação, salvo se o crime é cometido contra a administração pública direta ou indireta de qualquer dos Poderes da União, Estados, Distrito Federal ou Municípios ou contra empresas concessionárias de serviços públicos.

O delito de invasão de dispositivo informático necessita de vários aspectos para se concretizar, pois que requer um ato de invasão (força bruta) em um dispositivo informático (*pen drive, smartphone, tablet,* computador etc.), não necessitando obrigatoriamente que esteja o mesmo conectado a uma rede de computadores, mas que haja a violação de um mecanismo de segurança (senha, criptografia etc.), mecanismo esse que buscava proteger o acesso a dados e/ou informações.

O delito exige o dolo específico do agente, em obter, adulterar ou destruir dados ou informações "sem autorização expressa ou tácita do titular do dispositivo", pois havendo esta (autorização) não há caracterização delitiva. O delito também contempla a conduta de "instalar vulnerabilidades para obter vantagem ilícita", ou seja, a instalação faz alguma modificação no dispositivo em que foi instalado, possibilitando ao autor seu controle, acesso a dados e/ou informações, alteração ou destruição dos mesmos. Isso ocorre quando há instalação de cavalos de troia ou vírus.

O primeiro parágrafo do art. 154-A prevê o chamado "kit hacker", pois que a produção, oferta, distribuição, venda ou difusão de dispositivo ou programa de computador com o intuito de permitir a prática da invasão de dispositivos informáticos ou instalação de vulnerabilidades, buscando obter, destruir ou alterar dados ou informações, equipara-se à prática do delito e tem a mesma pena. A pena é aumentada nos casos de prejuízo econômico, devidamente comprovado.

No entanto, há pena específica e mais grave se houver a invasão e dela resultar a obtenção de conteúdo de comunicações eletrônicas privadas (ex.: de Whatsapp, Facebook Messenger, *e-mails* etc.), segredos comerciais ou industriais (bancos de dados privados, projetos etc.), informações sigilosas, assim definidas em lei (acesso a bancos de dados públicos, definidos por lei como restritos ou reservados), ou o controle remoto não autorizado do dispositivo invadido (através de acompanhamento, monitoramento, manipulação etc.). Essa pena específica de até dois anos de prisão é aumentada em casos de "divulgação, comercialização ou transmissão a terceiro, a qualquer título, dos dados ou informações obtidos". Por outro lado, se houver divulgação, comercialização ou transmissão a terceiro de dados ou informações que não tenham sido obtidos através de invasão ou instalação de vulnerabilidades nem de violação de conteúdos sigilosos definidos em Lei, não há tipificação possível e resta a busca por indenização por danos materiais e/ou morais.

A investigação criminal dos casos do art. 154-A do Código Penal só poderá ocorrer quando houver representação da vítima ou representante legal. Se ela tiver alguma condição especial, como o Presidente da República, Governador de Estado etc., há previsão de aumento de pena em eventual condenação.

9. Governança da Internet no Brasil e marco civil da Internet[152]

Resumo:
Este capítulo aborda, a partir da concepção da Internet como um espaço de desenvolvimento das comunicações e interações globais, principalmente para atender ao mercado mundial, como se dá a sua *governança* e *regulação*, e, a partir da concepção brasileira, com a aprovação a Lei 12.965/14, o "Marco Civil da Internet", questiona eventual tendência quanto à regulação mundial e/ou tribalista da rede mundial de computadores.

9.1. Noções introdutórias

Vivenciamos, certamente, o fenômeno da globalização, de uma sociedade complexa, não mais sólida (Bauman, 2007), cuja característica fundante é a dissolução da noção de tempo/espaço, de Kant/Newton, e das estruturas tradicionais de regulação social (Rocha, 2003).

Essa nova noção de tempo, baseada na globalização, é a do tempo instantâneo, do imediatismo, do não tempo, onde não há a necessária separação entre passado, presente e futuro. Nesse contexto, o direito, do ponto de vista dogmático, é um mecanismo de controle e de garantia do passado, sendo que, do ponto de vista crítico, pode ser tido como uma promessa. Da mesma forma, a noção de espaço se diluiu, principalmente dos pontos de vista das relações comerciais e das comunicações, baseadas estas primordialmente na Internet. Estamos, desta forma, num período de *atopia* e *acronia*.

---

[152] Texto originalmente publicado por um dos autores desta obra e adaptado para compreensão do tema relacionado ao Marco Civil da Internet. Vide WENDT, Emerson. Marco Civil da Internet no Brasil e Regulação e/ou Governança da Internet no Mundo. In: DE LUCCA, Newton; SIMÃO FILHO, Adalberto; LIMA, Cíntia Rosa Pereira de. (Org.). *Direito & Internet III*: Marco Civil da Internet (Lei n. 12.965/2014). São Paulo: Quartier Latin, 2015, v. II, p. 253-273.

Portanto, há que se pensar o *tempo* e o *espaço* nessa nova forma de sociedade, plural, complexa, multicultural e líquida, contemporânea,[153] sob o aspecto da teoria dos sistemas de Niklas Luhmann (Gloeckner, 2012), que nos indica, para a observação dessa sociedade e do direito, problemas e saídas que não eram possíveis de serem pensados através do direito dogmático. Essa mesma sociedade que, talvez, está avaliando/vivenciando o seu maior código binário: inclusão/exclusão. Deste, extraem-se os principais aspectos influenciadores da contemporaneidade e, também, sobre os quais pairam os principais aspectos do direito e, mais especificamente, dos direitos humanos e, ainda mais especificamente, aqueles ainda não regulamentados em normas fundamentais pelo Estado-Nação e/ou pelos organismos internacionais.

Nesse contexto, há que se refletir sobre inúmeros aspectos. Segundo Ost (1999), o *tempo* é uma instituição social, uma construção social. Ele é construído pela sociedade e, neste sentido, depende do direito. Essa assimilação, institucionalização ocorre, pelo direito, através das possibilidades de construção e decisão realizadas por todos na sociedade. Sendo assim, o Direito é um dos "construtores" da sociedade (Rocha, 2003, p. 314). Ost (1999, p. 41) propõe um "detalhamento dos meios" dessas questões, dividindo-as em quatro momentos a que o direito estaria vinculado: a) Primeiro momento: memória; b) Segundo momento: perdão; c) Terceiro momento: promessa; d) Quarto momento: questionamento.

Segundo Ost (1999, p. 64), o primeiro momento, *memória*, está muito ligado à ideia de tradição:

> No centro de uma temporalidade que pretende 'ligar o passado', encontramos necessariamente a tradição, esse elo lançado entre as épocas, essa continuidade viva da transmissão de crenças e de práticas. Mais ainda do que qualquer outra disciplina, o direito é tradição: ele constitui-se por sedimentações sucessivas de soluções, e as próprias novidades que ele produz derivam de forma genealógica de argumentos e de razões dignos de crédito num ou noutro momento do passado.

Já o segundo momento, o *perdão*, não significa simplesmente esquecer, mas selecionar o que se deve esquecer, atividade que estaria correlata ao Poder Judiciário, cuja função seria a de trabalhar e encaminhar a questão do que deveria ser lembrado e o que deveria ser esquecido, fazendo a devida seleção.

O terceiro momento, o da *promessa*, caracteriza-se como uma tentativa de ligar-se com o futuro, de construí-lo, fazendo com que haja uma ruptura com a tradição de "maneira sofisticada". Este momento

---

[153] O termo "contemporâneo", relativamente à sociedade, é preferido em relação aos demais: modernidade reflexiva, alta modernidade, pós-modernidade etc.

remete ligeiramente ao quarto e último momento citado por Ost, que é o *questionamento*, que é o momento mais importante da reprodução do tempo no direito: não significa ruptura com as promessas, não havendo negação das inovações; não significa rompimento com a memória, pois sem história não há referencial.

Este momento, citado por Ost, o *questionamento*, tem de possuir a capacidade de ligar o tempo e o direito com a memória, com o perdão e com a promessa, sendo capaz de construir (institucionalizar), reconstruir (reinstitucionalizar) e desconstruir (desinstitucionalizar) o tempo e a si próprio (Rocha, 2003). Aliás, *promessa* e *questionamento* são os principais aspectos da contemporaneidade avaliados face aos problemas gerados pela globalização e que repercutem sobre os entes oficiais locais, principalmente o Estado-Nação e as cidades, e que geram uma massa tamanha de excluídos, ou supérfluos (Bauman, 2009, p. 22-4).

Assim, o direito pode até institucionalizar determinados valores mas, sobretudo, em face dessa sociedade globalizada, tem de estar e ser capaz de reinventar-se em face da efemeridade e das mutações constantes, principalmente derivadas pela sociedade baseada no mercado e nas formas ou forma contemporânea de comunicação em massa: a Internet. Como diz Pannarale (1998, p. 60), *"o que não é possível agora, é contudo possível no futuro"*, com múltiplas possibilidades, no dizer de Luhmann (1983, p. 169).

E é justamente essas múltiplas possibilidades que preocupam, pois que as decisões judiciais e, previamente, as regras normativas, não consigam acompanhar/compreender o ritmo das inovações da sociedade digital, sucessora ou integrante da denominada "Sociedade de Informação",[154] onde as relações sociais são medidas pela tecnologia digital. Aliás, pode-se, em apenas esperar pela compreensão e solução de casos pelo Judiciário, estar ao arbítrio de inúmeras decisões com deslinde diferente e, por que não, afrontadoras dos direitos e garantias sociais, gerando, assim, ainda mais exclusão.

Nesse contexto, de necessária interação entre essa "superforma" de comunicação, capaz de atravessar culturas, mercados, Estados,

---

[154] Borges (2000, p. 29) sintetizou as características da Sociedade da Informação, como consequência da sociedade pós-industrial, assim resumidos: a informação é um produto e o saber um fator econômico; a distância e o tempo entre a informação e o destinatário não tem mais sentido, ou seja, há perda de noção de tempo e espaço; há "valor agregado" à informação, revolucionado pelas tecnologias da informação e comunicação que, além de revolucionar o mercado, criando novos serviços, empresas, empregos, transformaram o mundo em uma "aldeia global" (McLuhan); o "ciclo informativo" se transformou, pois além do usuário também se tornar produtor, há para isso um baixo custo, mesmo quando se trata de armazenamento de grande volume de dados; o processamento, recuperação e acesso às informações se tornou mais célere, seguro e eficaz, possibilitando o monitoramento e avaliação dos dados/informações.

nações, auxiliando na proliferação e debates sobre as ideologias então dominantes e, também, de afetar prestígio de governos e/ou de questioná-los, transformando o mundo cultural e mentalmente (Castells, 2013), verifica-se o quanto o direito pode ou não ser demandando "a se imiscuir" e interferir na *ordem natural* das coisas na Internet. Ou seja, o sistema político é irritado e tende a produzir direito.

Essa observação pode ser feita frente aos aspectos da governança e, já no direito, da regulação da Internet ou de parte de seus aspectos, principalmente os que dizem respeito aos direitos e garantias dos seus usuários. Assim, não se tem a pretensão de esgotar o assunto e busca-se analisa o modelo de regulação da Internet no Brasil, o Marco Civil da Internet, aprovado com a Lei 12.965/14 e, ao abordar o contexto da governança da Internet mundial, avalia a (possível) tendência na regulação tribal,[155] dentro dos Estados-Nação e intergovernos, de alguns contextos relativos à Internet. Em recorte metodológico necessário, deixar-se-á de analisar a regulação penal, embora a regulação civil brasileira dela (penal) tenha sido derivada.[156] Também, como recorte conceitual, preferiu-se adotar apenas o termo *regulação* com o sentido de regulamentação, pelo direito, em sua análise dialógica com a *governança*.[157]

A instantaneidade das informações quanto aos acontecimentos e a projeção dessa comunicação para além da compreensão humana, perpassando barreiras antes intransponíveis, integram esse *medium* de comunicação amplamente utilizado atualmente e que possui uma única linguagem (de *bits* e *bytes*) comunicacional, codificada (Stockinger, 2003, p. 186), entre seus mecanismos de trocas de informações, através dos protocolos chamados de TCP/IP (*Transmission Control Protocol/Internet Protocol*),[158] abrangendo praticamente 40% da população mundial (quase 3 bilhões de pessoas).[159]

---

[155] O termo foi utilizado por Klaes (1999, p. 180) ao analisar a globalização e os aspectos da vida moderna no limiar do Séc. XXI, ou seja, do individual ao coletivo, do social ao político e do nacional ao supranacional, que, ao mesmo tempo que ocorre *um avanço tecnológico dos sistemas de informação e comunicação*, redundando em *uma harmonização e homogenização "aparente" das sociedades nacionais*, "ressurge o tribalismo, entendido como uma referência aos movimentos étnicos, expressados pela crença na fidelidade aos valores comuns de um grupo, como a língua, religião, cultura" (grifos nossos).

[156] Sobre a regulação penal da cibercriminalidade, outro trabalho do autor, ainda no prelo, a ser publicado como capítulo de livro pela Editora UnilaSalle, conforme referências.

[157] Sobre as diferenças conceituais de regulação e regulamentação ver Arnaud (2007, p. 49-53).

[158] Não se avaliará, nesse aspecto, eventual processo de estabelecimento de controle através dessa linguagem única estabelecida no âmbito da organização da Internet.

[159] Os dados são da Internet World Stats <http://www.internetworldstats.com/stats.htm> e referentes a dezembro de 2013. A população mundial total ultrapassa os 7 bilhões de pessoas. Segundo esses mesmos dados, os continentes onde há maior acesso à Internet são a América do Norte, com 84.9 %, e a Europa, com 68.6 %. Ainda é preciso muito para atingir mais pessoas.

9.2. A governança e a regulação da Internet no Brasil

Como referido, a tecnologia evoluiu num ritmo frenético, principalmente na última metade do Século XX, tornando-se cada vez mais complexa e acessível à população mundial, embora muito ainda tenha a evoluir. Nas décadas de 60/70 do século passado, houve a idealização da Internet e suas peculiaridades comunicativas céleres e constantes inovações, e, a partir da década de 90, mais especificamente após a criação da rede "www" (Web) por Tim Berners-Lee, tornou-se usual em todo o planeta.[160] No Brasil, passou a ser mais usual após 1995, quando deixou de ser de uso exclusivo das universidades e passou a ter acesso público e, também, foi criado o Comitê Gestor da Internet no Brasil (CGI.br), pela Portaria Interministerial (MCT/MC) nº 147, de 31 de maio de 1995, alterada pelo Decreto Presidencial nº 4.829, de 3 de setembro de 2003.[161]

Segundo os dados do Comitê Gestor da Internet (Tic Domicílios e Empresas, 2014),[162] no Brasil são mais de 30 milhões de domicílios com computador (49% dos domicílios brasileiros) e mais de 3,8 milhões de domicílios com *tablets* (12% dos domicílios brasileiros), aumentando o número de domicílios com mais de um dispositivo, com tendência para os dispositivos móveis (computador portátil e *tablets*). Destes domicílios, 43% deles estavam conectados à Internet, o que equivale a uma estimativa de 27,2 milhões de residências com acesso à rede mundial de computadores. Desta forma, totalizando, o Brasil possui mais de 85 milhões de usuários de Internet (ao passo que mais de 143 milhões de brasileiros usam celular, dos quais 52,5 milhões são usuários de Internet usando essa mobilidade).[163]

Esta conjuntura de "uso" da Internet no Brasil poderia ser analisada sob o ponto de vista do binômio acesso/não acesso, inclusão/exclusão. Porém, não é objetivo deste trabalho, embora os números

---

[160] Sobre os conceitos de *ciberespaço*, *Internet* e *Web*, conferir Canabarro e Borne (2013). Ponderam os autores que "o ciberespaço, por excelência, é formado por diferentes sistemas que podem ser (mas não necessariamente são) conectados ao grande *backbone* formado pelas linhas de comunicação que sustentam o tráfego da Internet. Da mesma forma, esses sistemas podem ser (mas não necessariamente são) acessíveis por aplicações de Internet (dentre elas, a Web). A interconectividade de sistemas distintos e desses com a Internet, assim como a criação de intranets (mais ou menos conectadas à grande Rede) que empreguem os protocolos próprios da Internet, são uma opção técnica, que pode ser implementada de maneiras diversas".

[161] Até chegar às configurações atuais, o CGI tem sofrido alterações, conforme se analisa na sequência deste artigo (item 2.1).

[162] Esses dados e outros, coletados pelo Comitê Gestor na Internet no Brasil, referentes a 2013, estão disponíveis em <http://www.cetic.br/media/docs/publicacoes/2/TIC_DOM_EMP_2013_livro_eletronico.pdf> (último acesso em 26 out. 2014).

[163] Também, conforme Relatório TIC Domicílios 2013, disponível em <http://cetic.br/publicacoes/2013/tic-domicilios-2013.pdf> (último acesso em 25 out. 2014).

apresentem dados qualificativos importantes quanto à participação da sociedade brasileira na sua conexão em rede (Tic Domicílios e Empresas, 2014, p. 179), principalmente para uso de redes sociais (77%), envio de mensagens instantâneas (74%), o envio e recebimento de *e-mails* (72%), compartilhamento de conteúdo – textos, imagens e vídeos (60%), o que tende a torná-la mais ativa politicamente e buscar uma atuação colaborativa, opinativa, inclusive quanto ao futuro do país, quiçá de seu modelo e contexto normativo.

Para Baruch (2007), o conceito de *governança* se refere ao conjunto de mecanismos, acordos e estruturas, por meio das quais um grupo social coordena sua ação.

> El concepto incluye desde luego a todas las estructuras formales de los gobiernos nacionales, pero también las excede. Hay formas de gobernanza desde las más elementales normas de convivencia social hasta los sofisticados acuerdos multisectoriales e internacionales que rigen el manejo del medio ambiente natural para la humanidad.

Lucero (2011, p. 76-7), ao diferenciar "governo" e governança, esclarece que esta estaria relacionada a atividades "apoiadas em objetivos comuns, que podem ou não derivar de responsabilidades formais, porém não dependem do exercício do poder coercitivo para serem aceitas", englobando o conceito de governo mas não se limitando a ele, tendo emergido no plano internacional a partir de 1992.

No caso da Internet, pondera Baruch (2007) que os desenvolvimentos tecnológicos fundamentais para seu crescimento se basearam em um princípio também fundamental: "la estandarización en la interfase y la interoperabilidad de las tecnologías". Assim, para que a uniformização fosse feita de uma maneira ágil e sem interferência sobre o desenvolvimento tecnológico, os engenheiros produtores dessa tecnologia agruparam-se na IETF (*Internet Engineering Task Force*),[164] dando vez aos processos de RFC (*Request for Comments*).[165]

> Éstas fueron las primeras formas de gobernanza propias de Internet. Se orientaron a la solución de un problema específico, la estandarización para la interoperabilidad, y crearon mecanismos originales, distinguidos por la apertura en la discusión, la meritocracia, la importancia de las soluciones funcionantes, y la evolución constante tanto de las tecnologías como de los modos de gobernanza. La Internet Engineering Task Force (IETF) se volvió paradigmática de una amplia forma de conducir los asuntos de la comunidad, que fue reconocida como la "comunidad Internet".
>
> En la IETF no hay autoridad sino coordinación; no hay una estructura permanente constituida jurídicamente sino una con junción de voluntades. La IETF se describe a sí

---

[164] A IETF é acessível através do *link* <http://www.ietf.org> e surgiu pela ação da IAB (Internet Activities Board), que a criou, assim como a IRTF (Internet Research Task Force), por sua vez responsável pelas pesquisas.

[165] No *site* da IETF há uma vasta explicação do que significam e qual a finalidade dos protocolos RFCs, como orientadores da organização, padronização e uniformização da Internet.

misma bajo el lema "Rough Consensus and Running Code", consenso aproximado y programas que funcionan, con los cuales ha llegado a agrupar hasta 15 000 especialistas y, a través de sus reuniones presenciales y sus interacciones a distancia, sobre todo por correo electrónico, producir una panoplia de tecnologías ya reconocida como una de las 20 tecnologías de uso general más transformadoras de la historia. (Baruch, 2007, p. 11-2).

A evolução da IETF "exigiu" a criação da *Internet Society* (ISOC),[166] com a finalidade de organização das reuniões e publicações daquela, possibilitando que todo o desenvolvimento e uniformização já produzidos não "caíssem" em mãos privadas, continuando como protocolos abertos e livres.

ISOC se estableció como una sociedad profesional para los especialistas dedicados a Internet como principal campo de acción, y como una sociedad para la promoción de Internet, su difusión global, y el conocimiento técnico necesario para expandirla. (Baruch, 2007, p. 12)

Assim, fazem parte da governança da Internet, como ferramenta de auto-organização e autodesenvolvimento, livre e gratuito, por exemplo, os protocolos IP (*Internet Protocol*), os sistemas de nomes de domínio (TLD – *Top Level Domain* – e ccTLD – *country-coded TLD*[167]). Assim, também por exigir uma organização local da Internet, em cada país foi atribuída a uma entidade a função de coordenação e integração dos serviços de Internet. A escolha dessa "entidade" não é padronizada mundialmente, bastando para isso ver as informações no *site* da IANA (*Internet Assigned Numbers Authority*), responsável pela coordenação global do DNS raiz (sistema de nomes de domínio), endereçamento IP, e outros recursos de protocolo Internet.[168] Ampliaremos esse debate sobre a governança mundial da Internet no item 3 deste livro.[169]

9.2.1. Função e atribuições do Comitê Gestor da Internet no Brasil

O Comitê Gestor Internet do Brasil (CG), criado em 1995 através de uma Portaria Interministerial entre o Ministério da Ciência e Tecnologia e da Comunicação, não tem personalidade jurídica, tendo

---

[166] Acessível através do *link* <http://www.isoc.org>.

[167] Domínios de Primeiro Nível (.com, .net, .org, .biz, .info, .museum, .aero, .cat etc.) e Domínios de Primeiro Nível geográficos (nacionais), estabelecidos e relacionados a países, com terminações relativas a uma entidade nacional (como, por exemplo, .br, .py, .uy, .pt, .mx, .fr, .de, .uk, .us. etc.).

[168] O banco de dados "Root Zone Database" (acessível através do *link* <http://www.iana.org/domains/root/db>) representa os detalhes da delegação de domínios de nível superior, incluindo gTLDs como ".com" , e código de país TLDs como ".br".

[169] Sobre as diferentes concepções do termo *governança*, veja-se SILVA (2008).

atribuição de coordenar e integrar todas as iniciativas de serviços de Internet no país. Em 1998, o Comitê Gestor emite duas resoluções:

– Resolução 001/98: que disciplina o registro e atribuição de nomes de domínio no Brasil;

– Resolução 002/98, que delega à FAPESP a competência para o Registro de Nomes de Domínio, a distribuição de endereços IP e a manutenção da Internet. A FAPESP cria um departamento próprio para a administração dos endereços de IP e registro de nome de domínio, através de um *site* na Internet "Registro.br", para atendimento do público em geral.

Porém, quatro anos depois é estudada sua reestruturação e, em 2003, pelo já referido Decreto 4.829/03, é então (re)criado o CGIbr (Comitê Gestor da Internet no Brasil), entidade que permanece sem personalidade jurídica e sem sede própria, que deveria estudar e propor um novo modelo de governança da Internet no Brasil.

Conforme Wachovicz (2014, informação verbal),[170] entre as atribuições do Comitê Gestor da Internet no Brasil, destacam-se: (a) a proposição de normas e procedimentos relativos à regulamentação das atividades na Internet; (b) a recomendação de padrões e procedimentos técnicos operacionais para a Internet no Brasil; (c) o estabelecimento de diretrizes estratégicas relacionadas ao uso e desenvolvimento da Internet no Brasil; (d) a promoção de estudos e padrões técnicos para a segurança das redes e serviços no país; (e) a coordenação da atribuição de endereços Internet (IPs) e do registro de nomes de domínios usando ".br", e; (f) a coleta, organização e disseminação de informações sobre os serviços Internet, incluindo indicadores e estatísticas.

Seguindo seu processo evolutivo e (re)organizacional, em 2005, a Resolução 002/98 é revogada, e a competência para registro de nomes de domínio no Brasil recai para o Núcleo de Informação e Coordenação do Ponto BR (NIC.br), que também é uma entidade civil, sem fins lucrativos, e que implementa as decisões e projetos do Comitê Gestor da Internet, sendo atualmente composto por uma diretoria Executiva, com cinco diretores, quatro "centros" e cinco "assessorias".[171]

Em apertada síntese, destacam-se as atribuições do NIC.br: (a) o registro e manutenção dos nomes de domínios que usam o ".br", e a distribuição de números de Sistema Autônomo (ASN) e endereços IPv4 e IPv6 no País, por meio do Registro.br; (b) o tratamento e resposta a incidentes de segurança em computadores envolvendo redes

---

[170] Apresentação feita na Faculdade de Direito de Lisboa no Curso de Verão de Direito da Propriedade Intelectual: O Estado das Questões, de 30 de junho a 4 de julho de 2014.

[171] Sobre a estrutura do NIC.br, ver <http://www.nic.br/sobre-nic/nicbr.htm>.

conectadas à Internet no Brasil, atividades do CERT.br; (c) projetos que apoiem ou aperfeiçoem a infraestrutura de redes no País, como a interconexão direta entre redes (PTT.br[172]) e a distribuição da Hora Legal brasileira (NTP.br), que estão a cargo do CEPTRO.br,[173] e; (d) a produção e divulgação de indicadores e estatísticas e informações estratégicas sobre o desenvolvimento da Internet no Brasil, sob responsabilidade do CETIC.br.[174] [175]

Assim, a governança da Internet brasileira, realizada pelo Comitê Gestor da Internet no Brasil, se dá pela coordenação das políticas e parâmetros técnicos, e não pelo estabelecimento de regramentos jurídicos, relativos a direitos e deveres dos usuários. Segue, portanto, uma construção internacional, conforme se verá adiante. De outra parte, sua criação não passou pelo crivo do Poder Legislativo, tendo sido criado, inicialmente, por uma ação interministerial, o que poderia ser questionado do ponto de vista do sistema legal de hierarquia das leis e da constitucionalidade, porém, sabe-se, que na Internet vige a concepção do autodesenvolvimento e da autonomia e a existência de barreiras legais também pode ser vista como uma forma de violação dos direitos dos usuários da Internet em usar o resultado da evolução da rede (eventualmente retardada pela *regulamentação*).

9.2.2. A regulação da Internet no Brasil: Marco Civil da Internet

Regalo e Carneiro (2012), antes da edição do Marco Civil da Internet, destacaram que "deveríamos cobrar do poder público uma atenção prioritária em relação à defesa da vida privada e da intimidade diante de qualquer tipo de intromissão, pública ou particular". O contexto e recorte metodológico dos autores foi outro, ou seja, a regulação e proteção penal. Essa foi, aliás – em face dos intensos debates sobre o PL 84/99 (Projeto de Lei Azeredo), que criminalizava condutas praticadas na/através da Internet e foi chamado de "AI-5 Digital" –, a principal motivação para elaboração de um "marco regulatório civil da Internet" brasileiro.

Furtado (2013, p. 242-7) traz um histórico dos fatos e contextos que levaram à criação do projeto do Marco Civil da Internet. Em suma,

---

[172] Ponto de Troca de Tráfego (PTT). Ver mais dados em <http://ptt.br/>.

[173] Centro de Estudos e Pesquisas em Tecnologias de Redes e Operações (CEPTRO). Ver mais dados em <http://www.ceptro.br/>.

[174] Centro Regional para o Desenvolvimento da Sociedade da Informação (CETIC), responsável pelas pesquisas e análises sobre o acesso à Internet, (perfil de) usuários etc. Ver mais dados em <http://www.cetic.br/>.

[175] Sobre o estatuto e as atribuições do NIC.br ver <http://www.nic.br/estatuto/index.htm>.

as críticas ao PL 84/99 eram muitas (concretização das disposições da Convenção de Budapeste, ao qual o Brasil não foi signatário; responsabilização dos provedores de Internet; violação quanto aos direitos de acesso à Internet; questionamento sobre os limites e abrangência da neutralidade da rede), porém o que mais se levou em conta foi a "criminalização de condutas antes da definição dos princípios regentes e dos direitos dos usuários da Internet" (Furtado, 2013, p. 243).

No ano de 2009 (junho), portanto no décimo ano de debates sobre a criminalização das condutas praticadas na/através da Internet, após uma manifestação do então Presidente da República, Luís Inácio Lula da Silva, no 10º FISL (Fórum Internacional de *Software* Livre), em Porto Alegre, considerando-o um projeto que aplacava a censura na utilização da rede (CONJUR, 2009), foi pontuada e declarada a abertura dos debates sobre a constituição de um "Marco Civil da Internet".

Surge, assim, ainda em 2009, o debate no *site* Cultura Digital, organizado pelo Ministério da Justiça em colaboração com o Centro de Tecnologia e Sociedade da Escola de Direito da Fundação Getúlio Vargas do Rio de Janeiro.[176] Segundo o próprio contexto do debate,

> A necessidade de um marco regulatório civil contrapõe-se à tendência de se estabelecerem restrições, condenações ou proibições relativas ao uso da internet. O marco a ser proposto tem o propósito de determinar de forma clara direitos e responsabilidades relativas à utilização dos meios digitais. O foco, portanto, é o estabelecimento de uma legislação que garanta direitos, e não uma norma que restrinja liberdades.
>
> A ausência de um marco civil tem gerado incerteza jurídica quanto ao resultado de questões judiciais relacionadas ao tema. A falta de previsibilidade, por um lado, desincentiva investimentos na prestação de serviços por meio eletrônico, restringindo a inovação e o empreendedorismo. Por outro, dificulta o exercício de direitos fundamentais relacionados ao uso da rede, cujos limites permanecem difusos e cuja tutela parece carecer de instrumentos adequados para sua efetivação.
>
> O processo de elaboração normativa sobre o tema deve, no entanto, ter o cuidado de se ater ao essencial. A natureza aberta e transnacional da internet, bem como a rápida velocidade de sua evolução tecnológica, podem ser fortemente prejudicados por legislação que tenha caráter restritivo. Qualquer iniciativa de regulamentação da internet deve, portanto, observar princípios como a liberdade de expressão, a privacidade do indivíduo, o respeito aos direitos humanos e a preservação da dinâmica da internet como espaço de colaboração.

Nesse parâmetro de debates, a ideia do conteúdo do Marco Civil da Internet partiu da *sociedade colaborativa*, ou seja, da sociedade para o Estado, e não o inverso, transmutando-se o sentido da produção

---

[176] Os dados do projeto do Marco Civil da Internet, em sua fase pré-legislativa e colaborativa, estão em <http://culturadigital.br/marcocivil/>.

legislativa, pelo menos em sua fase pré-Legislativo.[177] Foram duas fases ou etapas, com duração de 45 dias cada uma, sendo que na primeira foram feitos os debates sobre os princípios gerais que deveriam nortear a construção de um regramento civil do uso da Internet e, na segunda fase, o texto produzido com base na primeira etapa foi posto em debate, sob consulta dos interessados.

O resultado foi um Projeto de Lei encaminhado por quatro Ministérios à Presidência da República[178] que, em abril de 2011, encaminhou-o ao Congresso Nacional,[179] tramitando na Câmara dos Deputados sob o PL 2.126/11,[180] passando por várias Comissões até ser aprovado três anos depois, ou seja, 2014, quando foi remetido ao Senado Federal, sob o PLC 21/14.[181]

O Marco Civil da Internet teve um rápido trâmite no Senado Federal, inclusive sob o interesse político da Presidência da República, que o sancionou em meio aos debates sobre governança da Internet global (NETMundial 2014), realizado no Brasil, passando a Lei 12.965/14 a vigorar a partir de junho de 2014, mantendo-se os chamados *pilares fundamentais* do projeto: (a) neutralidade de rede, (b) intimidade e privacidade de usuários e (c) liberdade de expressão.

9.3. Governança e a regulação da Internet no mundo

9.3.1. A governança da Internet mundial

Após 1980, entidades não governamentais assumiram, não oficialmente, a regulamentação da Internet, estabelecendo padronizações e regras. Duas dessas entidades são a ICANN – *Internet Corporation for Assigned Names and Numbers* – e a IANA – *Internet Assigned Numbers Authority* –, esta última responsável, como mencionado, pela distribuição/organização de "números" na Internet, como os endereços

---

[177] Poder-se-ia afirmar que esse processo de discussão pauta-se sobre a retórica sobre a qual Arnaud (2005, p. 14) teceu importantes comentários: a produção complexa do direito, pois que derivada de uma decisão organizacional inteligente, na qual existe uma recursividade entre informação, organização e decisão.

[178] EMI nº 086, assinada pelos Ministros da Justiça, do Planejamento, Orçamento e Gestão, da Ciência e Tecnologia e das Comunicações.

[179] Mensagem nº 326/2011.

[180] Trâmite completo do PL 2.126/11, cujo relator foi o Deputado Federal Alessandro Molon (RJ), pode ser visualizado em <http://www.camara.gov.br/proposicoesWeb/fichadetramitacao?idProposicao=517255>.

[181] O trâmite do PLC 21/14, No site do Senado Federal, pode ser feito em <http://www.senado.gov.br/atividade/materia/detalhes.asp?p_cod_mate=116682>.

dos protocolos de Internet – IP – e portas de comunicação (Sydow, 2013).

Tem a Internet construído suas próprias estruturas de funcionamento e funcionalidade, que se iniciaram em 1969 com a ARPANET[182] (nesse ano quatro *campus* universitários estão então conectados e, em 1973, o número chega já a vinte e uma conexões) e, após uma divisão com a criação da Milnet,[183] no início de 1980 e posterior interligação (1986) com os supercomputadores da NSF,[184] criou-se a "espinha dorsal" de uma rede formada por computadores superpotentes (*blackbones*, servidores raiz), que evoluiu e continua a evoluir com o tempo, de acordo com as necessidades de outros (sub)sistemas, principalmente o econômico.[185]

Visando a compreender a governança da Internet mundial, importante contextualizar e localizar, a partir de sua estrutura organizacional atual, sua gestão e, por que não, as *nuances* que lhe envolvem, pois que, em 1997, o então Presidente dos Estados Unidos da América, Bill Clinton, "resolve" que o papel do Estado na administração dos servidores raiz e dos números do IP, deveria ser transferido para a iniciativa privada, preferencialmente para alguma organização civil, sem fins lucrativos e patrocinadas por instituições do setor privado. Assim, no ano seguinte, o Departamento de Comércio (DoC) daquele país abre uma consulta pública sobre a necessidade de privatização da administração do DNS e sobre o modelo pelo qual isso deveria ser feito, o que ficou conhecido como "The Green Paper". Este documento foi sucedido por um "novo documento" com o *status* não vinculativo de *Statement of Policy* (*The White Paper*),[186] ao qual foram incorporadas algumas sugestões recebidas durante o processo de consulta pública. Assim, em novembro de 1998, foi firmado memorando entre o DoC e a ICANN (*The Internet Corporation for Assigned Names and Numbers*) com o objetivo de assumir a responsabilidade pela ação de endereços

---

[182] *Advanced Research Projects Agency Network*, oriunda de uma decisão da Arpa (*Avenced Resarch Agency*: Agencia de Projetos e Pesquisas avançadas), formada pelo Departamento de Defesa dos Estados Unidos em 1957.

[183] A Milnet é uma rede exclusiva para troca de dados militares.

[184] *National Science Foundation*.

[185] Dos treze servidores raiz existentes dez estão nos Estados Unidos <http://pt.wikipedia.org/wiki/Servidor_Raiz>, porém além deles também existem os chamados espelhos, como o instalado em 2010 no Ponto de Troca de Tráfego em Porto Alegre <http://www.nic.br/imprensa/releases/2010/rl-2010-01.htm>.

[186] Íntegra do documento *Memorandum of Understanding Between the U.S. Department of Commerce and the Internet Corporation for Assigned Names and Numbers* em <http://www.ntia.doc.gov/page/1998/memorandum-understanding-between-us-department-commerce-and-internet-corporation-assigned> (último acesso em 27 out. 14).

de IP, designação de parâmetros de protocolos e gerenciamento do DNS e dos servidores raiz.

É a ICANN então o órgão mundial responsável por estabelecer regras do uso da Internet, e um dos memorandos de entendimento firmados por ela foi de operação da IANA. As partes constitutivas da ICANN foram desde sua criação as organizações de suporte de nomes de domínio e direcionamento de IP, a comunidade técnica e os usuários em geral, além de um Comitê Assessor Governamental (GAC, sigla em inglês), formado por representantes de governos e de organizações intergovernamentais.

Embora a interação de *stakeholders* (interessados), a ICANN não é vista como um órgão mundial, pois que *está* nos Estados Unidos da América, *sob as leis a autoridade desse país*, embora tenha tido grandes êxitos na condução do seu trabalho e ter criado uma certa independência em relação ao país onde está situada, conforme pontua Baruch (2007, p. 20). A concepção de atuação de *multistakeholders* (múltiplos interessados), com o objetivo de atender às demandas da sociedade global, tende a ser uma aspiração de todos envolvidos.

A coordenação central da Internet realizada pela ICANN e a uniformização sob encargo da IETF são, sob o aspecto do termo *governança*, representativos de um conjunto de regras, mecanismos e acordos que permitem a coordenação de uma "comunidade" chamada Internet. Também por isso, ambas não podem se responsabilizar quanto a todos os temas demandados e relativos à Internet, como as fraudes eletrônicas, *phishing scam* e pirataria, por exemplo (Baruch, 2007, p. 22).[187]

Para Baruch (2007), alguns temas parecem ser suscetíveis de tratamento mediante "mecanismos de gobernanza globais", mecanismos estes técnicos, legislativos (principalmente penais), econômicos e educativos, papel que pode ser desempenhado por outros organismos, como a OCDE (*Organisation for Economic Co-operation and Development*)[188] e APWG (*Antiphishing Working Group*), por exemplo,[189]

---

[187] Veja-se o contexto de contestações à governança exclusiva da ICANN em <http://www.internetgovernance.org/>.

[188] A OCDE produziu uma orientação em relação às políticas a serem adotadas em caso de *spam*: <http://www.oecd.org/internet/consumer/36494147.pdf>.

[189] Os temas que podem ser discutidos dentro do amplo espectro da governança da Internet são vários. Por exemplo, no México, os temas variaram entre: "1. Seguridad de redes, ciberdelitos, privacidad y confianza del usuário. [...]2. Neutralidad, libertad de expresión e información, interoperabilidad y coexistencia de alternativas tecnológicas. [...]3. Acceso, inclusión digital, diversidad cultural y competencia. [...]4. Propiedad intelectual en el entorno digital." (Disponível em <http://www.gobernanzadeinternet.mx/#!temas/ch6q>, último acesso em 27 out. 14).

9.3.2. Modelos de governança em debate: a tendência multistakeholder

Por outro lado, a ONU (Organização das Nações Unidas), preocupada com o tema, auxilia na "transição" do modelo unilateral (*stakeholder*) ou piramidal de governança para multilateral (*multistakeholder*) ou horizontal, que atenda as demandas internacionais, da sociedade global (SILVA, 2008). Inicia-se em 2001, então, através da Resolução 56/183 da ONU,[190] a preparação para o novo modelo de governança da Internet com duas conferências realizadas pela organização, uma em 2003, em Genebra, e outra em 2005, na Tunísia.[191]

A resolução citada representou um convite da ONU aos organismos das Nações Unidas, representações da sociedade civil, organizações não governamentais e de organizações intergovernamentais, para auxiliar na formação da Cúpula Mundial sobre a Sociedade da Informação (CMSI, ou WSIS, em sua sigla em inglês), organizada/preparada pela ITU (*International Telecommunication Union* ou, em português, UIT – União Internacional de Telecomunicações).[192]

Em 2014 ocorreu a WSIS + 10, conforme a Resolução 1334 do Conselho da UIT, e, pelos dados da *Declaración de la CMSI+10 relativa a la aplicación de los resultados de la CMSI* as perspectivas, a partir de 2015, são de reafirmação (a) do papel dos jovens e das organizações juvenis e também (b) dos direitos humanos e liberdades fundamentais e (c) de fomentar a igualdade entre homens e mulheres e o empoderamento destas, além de reafirmar o (d) compromisso para dar a todas as pessoas acesso equitativo a informação e ao conhecimento e, quanto à participação multilateral, (e) o enfoque multipartidário da CMSI, que é essencial para a criação da Sociedade da Informação, deve "encauzarse destacando sus beneficios y reconociendo que ha funcionado bien en algunos ámbitos y que debe mejorarse, reforzarse y aplicarse en otros" (WSIS+10, 2014), (f) garantindo-se o patrimônio digital dessa "sociedade", com "pleno respeto de la diversidad cultural y lingüística, así como del derecho de toda persona a expresarse, crear y difundir sus obras y su contenido local en el idioma de su elección", (g) devendo-se promover um clima de confiança entre os usuários das TICs[193] como forma de desenvolver a Sociedade da Informação, "ante todo la seguridad de la información y la seguridad de las redes, la

---

[190] A Resolução 56/183, instituindo a *World Summit on the Information Society* (WSIS, ou, em português, CMSI), pode ser acessada no *link* <http://www.itu.int/wsis/docs/background/resolutions/56_183_unga_2002.pdf> (último acesso em 27 out. 14).

[191] Mais dados sobre a CMSI em <http://www.itu.int/wsis/index.html>.

[192] Sobre as duas primeiras fases da CMSI veja-se SILVA (2008, p. 110-3).

[193] Tecnologia da Informação e Comunicação (TIC).

autenticación, la privacidad y la protección de los consumidores", (h) enfatizando que as reformas legislativas e regulamentares devem garantir um acesso exequível às tecnologias, principalmente às pessoas vulneráveis e marginalizadas.

Outro segmento com relevância na governança da Internet é o Grupo de Trabalho Governança de Internet (*Working Group on Internet Governance* – WGIG), instituído com a finalidade de apoiar o Secretário-Geral das Nações Unidas na realização do mandato da Cúpula Mundial sobre a Sociedade da Informação (CMSI) em relação a convocação do fórum para o diálogo político *multistakeholders* – o Fórum de Governança da Internet (IGF), tendo como papel principal a fiscalização política (legitimação dos Estados) – a partir das múltiplas representações, ou seja, uma "intervenção regulatória para ordenar e equilibrar o processo de desenvolvimento" da rede mundial (Internet), conforme Silva (2008, p. 142), estabelecendo um processo horizontal de gestão e decisões.

Complementando, o IGF (*Internet Governance Forum*),[194] que já teve várias edições, tem colaborado para que o processo de governança da Internet mundial seja feita por *multistakeholders*. A segunda edição deste evento ocorreu no Brasil (Rio de Janeiro) e, a de 2015, acontece em João Pessoa, Paraíba. A estratégia do IGF foi estabelecida pelo MAG (*Multistakeholder Advisory Group* – Grupo Consultivo Multilateral), que é composto por 55 membros de governos, do setor privado e da sociedade civil, incluindo representantes das comunidades acadêmicas e técnicas, realizando reuniões três vezes por ano.[195] No IGF 2014, realizado em Istambul, Turquia,[196] os tópicos que foram discutidos abrangiam: (a) vigilância do governo, sobre as liberdades civis, privacidade, direitos humanos; (b) o uso da Internet para impulsionar a mudança social e econômica; (c) a proteção da criança; (d) acesso público / capacitação / exclusão digital; (e) a cultura digital; (f) a neutralidade da rede; (g) o acesso aos dados por ISPs (provedores de serviços de Internet) / proteção de dados; (h) legislação Spam;[197] (i) abertura da Internet – direitos, responsabilidade, conteúdo local e multilinguismo; (j) filtragem de rede; (k) IPv6,[198] e; (l) participação da juventude no IGF.

---

[194] Acessível através do *link* <http://www.intgovforum.org/cms/>.

[195] Dados sobre o MAG em <http://www.intgovforum.org/cms/magabout>.

[196] Os relatórios de todos encontros mundiais podem ser acessados em <http://www.intgovforum.org/cms/documents/igf-meeting>.

[197] Envio de *e-mails marketing*, não desejados pelo usuário.

[198] Versão em atualização do protocolo de Internet, pois o modelo atual, IPv4, já está se esgotando.

Assim, percebe-se desde já que o contexto da governança da Internet mundial preocupa-se sobremaneira sobre vários aspectos relacionados aos direitos humanos e sociais com a utilização da rede, como o acesso/não acesso, privacidade e proteção de dados, liberdade de manifestação, proteção de grupos vulneráveis, capacitação e acesso de usuários, principalmente os mais marginalizados e deficientes, além da neutralidade da rede e "possível" filtragem nela realizada.

Não é outra a preocupação na Comunidade Europeia que, em 2009, discutiu o assunto e estabeleceu as novas etapas quanto ao "Governo da Internet", por ser um "recurso crítico" e,

> [...] caso se verifique uma importante perturbação a nível nacional no seu serviço de Internet, os utilizadores pedirão inevitavelmente contas aos seus governos e não aos vários organismos que gerem a Internet e que são responsáveis pela coordenação dos recursos. (Comunicação da Comissão ao Parlamento Europeu e ao Conselho, 2009, p. 2-3)

O documento da Comunidade Europeia estabelece as diretrizes a realizar no plano prático, prevalecendo o diálogo inclusivo e a cooperação intergovernamental, prevalecendo os princípios estabelecidos na Cúpula Mundial da Segurança da Informação, devendo permanecer a liderança do setor privado sobre todas as matérias de gestão quotidiana da Internet (Comunicação da Comissão ao Parlamento Europeu e ao Conselho, 2009, p. 8-9).

9.4. Globalizações, regulações e governança na Internet: conclusões

Atemporalidade e perda da noção de espaço são as características principais daquilo que se tornou um dos principais meios de comunicação nas últimas décadas: a Internet. Assim, é ela que se caracteriza como um modulador atual principal das comunicações entre os diversos subsistemas sociais, tais quais do direito, da política, da religião, da moral etc.

A plena utilização das aplicações da Internet pelos outros sistemas, principalmente o psíquico (ser humano), como meio de comunicação, produção, interação, desenvolvimento, evolução, conhecimento, ensino, armazenamento de dados e informações, indexação, inteligência artificial (IA), robotização e *business intelligence* (BI), dentre outros, faz com que os outros sistemas sejam afetados, irritados, exigindo sua atenção e análise dos processos envolvidos, evoluindo ou não. A economia, o direito e a política são, certamente, os mais afetados e, por consequência, todo o sistema social, que como foi visto, não tem mais seu tempo e espaço definidos.

A organização da Internet, seus regramentos internos, sua estrutura e evolução, foi gerada pela autoanálise dos aspectos envolvidos, sendo claro, no dizer de Castells (2003), a participação de um governo em específico no fomento financeiro para que essa evolução ocorresse.

Percebeu-se então, claramente, nesse processo evolutivo ou revolutivo/revolucionário (da comunicação digital), que a própria Internet procurou estabelecer mecanismos de autodesenvolvimento e autorregramento, vindo a estabelecer, em face da necessidade de aumento da interação (anos 1980), um protocolo único de comunicação. Assim, tem-se que a governança da Internet mundial estabeleceu-se de maneira absolutamente normal, horizontal, embora os debates internos (por exemplo, da IETF), principalmente em termos de linguagem, estruturação, funcionamento, protocolos e regramentos próprios (não normativos, mas colaborativos, horizontais, advindos de acordos entre os debatedores envolvidos).

De outra parte, em face justamente dessa evolução e de tornar-se a "rede das redes", pela qual passam atualmente as principais e, talvez, únicas importantes informações sobre Estados-Nação, sobre governos, sobre política, sobre mercados e economia, e, fundamentalmente, sobre pessoas envolvidas em todas essas interações e, inclusive, sobre aquelas que não estão, mas que ali possuem seus dados, setores intergovernamentais, como a ONU, e não governamentais, a sociedade civil buscaram (e buscam) primar para que, através da regulação se possam estabelecer direitos e deveres básicos, principalmente protegendo as individualidades das nações e das pessoas, usuárias da Internet.

De todo o exposto, percebeu-se, dentre outros aspectos, que algumas questões restaram em destaque nessa análise:

    a) os termos *governança* e *regulação* são tidos, por vezes, como sinônimos, devendo ser tratados, respectivamente, como formas de debate, organização, estruturação e autorregramento e autodesenvolvimento, e, também pelo debate, como mecanismo de controle sobre aqueles aspectos, pelos Estados-Nação em conjunto ou isoladamente, sem, porém, afetar o desenvolvimento, preconizando-se pelo acesso à Internet com preservação dos direitos de liberdade, privacidade e neutralidade, principalmente;

    b) o setor da *governança* mundial da Internet tem seu papel principal, então, no estabelecimento de diretrizes gerais de estruturação e organização dela;

c) o setor da *regulação* da Internet, relativo à liberdade e direitos, em um sentido geral, mundial, preconizando a evolução da rede e o acesso a ela, sem se imiscuir em ambientes tribais, com características específicas de suas nações em termos de organização, comunicação e cultura;

d) a *regulação*, buscada pelos fóruns e debates de entidades intergovernamentais, não governamentais e sociedade civil, tem muito mais a ver com "queda de braço" quanto à unilateralidade do que quanto ao desenvolvimento, sendo certo que o correto é o estabelecimento de uma horizontalidade e multilateralidade no que se refere à *governança* da Internet;

e) o contexto da *regulação*, caso feito de forma não equitativa, de forma a atender apenas determinados *stakeholders*, afeta as forças mundiais e prejudica pontos importantes, especialmente a neutralidade, liberdade e proteção de dados;

f) a *regulamentação* da Internet em âmbito local, pelos Estados--Nação, pode ser, ao mesmo tempo, a consequência (não necessária) de normatização de aspectos vitais da Internet, afetando seu pleno desenvolvimento (local), e, também, a forma pela qual eles tentarão preservar sua soberania, liberdade e privacidade de seus cidadãos.[199]

Realizadas essas ponderações, é salutar destacar o papel importante dos debates e fóruns intergovernamentais, como CMSI e IGF,[200] pois através dos quais são e podem ser estabelecidas diretrizes para os Estados-Nação estabelecerem ou não normas que visam a estabelecer o mínimo necessário a preservar (a) a liberdade de uso e comunicação na Internet, (b) a proteção dos dados privados, de pessoas e Estados--Nação e, (c) a neutralidade no uso da rede, sem filtros e restrições. A influência que esses setores estabelecem(rão) sobre o formato da *governança* é (será) fundamental para a adoção de mecanismos realmente multilaterais de gestão da Internet mundial.

Assim, a aprovação do Marco Civil da Internet – Lei 12.965/14 – com essas características imanentes, de direitos e garantias aos usuários da rede, poderá vir a ser uma tendência de determinados Estados--Nação, preocupados com a proteção de seus dados e de seus usuários,

---

[199] O Marco Civil da Internet brasileiro, no art. 11 da Lei 12.965/14, estabeleceu uma tentativa de proteção dos usuários brasileiros de serviços de aplicação estrangeiros, enfocando a necessidade destes em observarem a legislação brasileira.

[200] Embora o conceito dado à Governança da Internet na Agenda de Túnis, na reunião da CMSI, tenha sido abrangente nos dois sentidos, de *governança* e de *regulação*: "Governança da Internet é o desenvolvimento e aplicação por governos, setor privado e sociedade civil, em seus respectivos papéis, de princípios comuns, normas, regras, procedimentos de tomadas de decisão e programas que formatam a evolução e uso da Internet" (art. 34).

em estabelecer uma regulação que possa (re)estabelecer a equidade no uso, armazenamento e pesquisa de dados na rede, porém haverá uma dificuldade no estabelecimento de uma *regulação* mundial, o que não afetará a adoção de regulações tribais, internas aos Estados-Nação e, por que não, inter-regionais, em blocos econômicos/geográficos.

Ainda, a forma de produção da regulação brasileira, onde o "Estado-Nação" fez a "audição" da sociedade através de uma plataforma digital colaborativa, observando os múltiplos interessados, internos é claro, como sociedade civil, empresas (públicas e privadas), acadêmicos, provedores de Internet (de conexão e de aplicação), dentre outros, é de ser observado mundialmente, principalmente pelos setores intergovernamentais, pois que levou ao estabelecimento de pilares mínimos, amplamente debatidos no contexto mundial.

Referências

ABRAMOVAY, Pedro. *PL 2126/11 – Do AI-5 digital à internet cidadã*. Disponível em: <http://www.observadorpolitico.org.br/2011/09/pl-212611-do-ai-5-digital-a-internet-cidada/>. Acesso em: 20 set. 2011.

ANDRADE, Fábio Siebeneichler de. *Da codificação – crônica de um conceito*. Porto Alegre: Livraria do Advogado, 1997.

AQUINO, Rubim Santos Leão de, *et alii*. *História das sociedades: das comunidades primitivas às sociedades medievais*. Rio de Janeiro: Livro Técnico, 1980.

ARISTÓTELES. *Metafísica*. IV, 4-30.

ARNAUD, André-Jean. Alguns Impactos da Globalização sobre o Direito. In: *Globalização e Direito I*: Impactos nacionais, regionais e transnacionais. 2ª ed. Rio de Janeiro: Lumen Juris, 2005.

——. *Governar sem Fronteiras, entre globalização e pós-globalização*. Crítica da Razão Jurídica. Vol. 2. Rio de Janeiro: Lumen Juris, 2007.

ASCENSÃO, José de Oliveira. *Direito da internet e sociedade e da sociedade da informação*. Rio de Janeiro: Forense, 2002.

BARBOSA, Denis Borges. *Lei da Internet e as repercussões em PI* (que não em direitos autorais). 2014. Disponível em: <http://denisbarbosa.blogspot.com.br/2014/04/lei-da-internet-e-as-repercussoes-em-pi.html>. Acesso em: 20 jun. 2014.

——. *Os crimes políticos da atualidade*. 2012. Disponível em: <http://denisbarbosa.blogspot.com.br/2012/04/os-crimes-politicos-da-atualidade.html>. Acesso em: 25 jun. 2014.

——. *Uma introdução à Propriedade Intelectual*. 2. ed., revista e atualizada. Rio de Janeiro, 2010, 951p.

BARGALO, Erica Brandini. *Contratos eletrônicos*: contratos formados por meio de redes de computadores: peculiaridades jurídicas da formação do vínculo. São Paulo: Saraiva, 2001.

BARUCH, Alejandro Pisanty. Gobernanza de internet y los principios multistakeholder de la Cumbre Mundial de la Sociedad de la Información. *Revista Mexicana de Política Exterior*. Nº 79-80, p. 9-39. 2007. Disponível em: <http://portal.sre.gob.mx/imr/pdf/Pisanty.pdf>. Acesso em: 27 out. 2014.

BASSO, Maristela. *O Direito Internacional da Propriedade Intelectual*. Porto Alegre: Livraria do Advogado, 2000.

BAUMAN, Zygmunt. *Confiança e medo na cidade*. Rio de Janeiro: Zahar, 2009.

——. *Tempos líquidos*. Rio de Janeiro: Zahar, 2007.

BETIOLI, Antonio Bento. *Introdução ao estudo do direito*. 11ª. ed., São Paulo: Saraiva, 2011.

BORGES, Maria Alice Guimarães. A. G. *A compreensão da Sociedade da Informação*. Ciência da Informação, v. 29, p. 25-32, 2000.

BRAGA, Julião; GRANVILLE, Lisandro Zambenedetti; O'FLAHERTY, Christian; MOREIRA, Antonio Marcos (orgs). *O livro do IETF* [livro eletrônico]. São Paulo: Comitê Gestor da Internet no Brasil, 2014. PDF.

CAMPOS, Germán J. Bidart. *Teoría general de los derechos humanos*. Buenos Aires: Astrea, 2006. 1ª. Reimp.

CANABARRO, Diego Rafael; BORNE, Thiago. *Ciberespaço e Internet: Implicações Conceituais para os Estudos de Segurança*. Mundorama: divulgação científica em Relações Internacionais. Disponível em: <http://mundorama.net/2013/05/19/ciberespaco-e-internet-implicacoes-conceituais-para-os-estudos-de-seguranca-por-diego-rafael-canabarro-e-thiago-borne/>. Acesso em: 26 out. 2014.

CAPELLA, Juan Ramón. *Fruto proibido – uma aproximação histórico-teórica ao estudo do direito e do estado*. Livraria do Advogado: Porto Alegre, 2002. Trad. de Gresiela Nunes da Rosa e Lédio Rosa de Andrade.

CAPELLARI, Eduardo. Tecnologias de informação e possibilidades do século XXI: por uma nova relação do estado com a cidadania. In: ROVER, José Aires (org.). *Direito, sociedade e informática*: limites e perspectivas da vida digital. Florianópolis: Fundação Boiteux, 2000. Coleção Boiteux, p. 39-40.

CASTELLS, Manuel. *A Galáxia da Internet*. Rio de Janeiro: Zahar, 2003.

——. *Redes de Indignação e Esperança*. Movimentos Sociais na era da internet. Rio de Janeiro: Zahar, 2013.

CLELAND, Scott. *Busque e destrua: por que você não pode confiar no Google Inc*. Tradução Fernando Effori de Melo. São Paulo: Matrix, 2012.

COMISSÃO DAS COMUNIDADES EUROPEIAS. *Governo da Internet: as próximas etapas*. Bruxelas, 2009. Comunicação da Comissão ao Parlamento Europeu e ao Conselho. COM (2009) 277 final. Disponível em: <http://cordis.europa.eu/documents/documentlibrary/107035961PT6.pdf>. Acesso em: 16 nov. 2014.

——. *Estratégia da União Europeia para a cibersegurança: Um ciberespaço aberto, seguro e protegido*. Bruxelas, 2013. Comunicação Conjunta ao Parlamento Europeu, ao Conselho e ao Comité Económico e Social Europeu e ao Comité das Regiões. JOIN(2013) 1 final. Disponível em: <http://www.dgpj.mj.pt/sections/informacao-e-eventos/2013/encontros-de-direito/downloadFile/attachedFile_3_f0/ESTRATEGIA_EUROPEIA_CIBERSEGURANCA.pdf?nocache=1400574470.82>. Acesso em: 16 nov. 2014.

——. *A política e a governação da Internet: O papel da Europa na configuração da governação da Internet no futuro*. Bruxelas, 2014. Comunicação Conjunta ao Parlamento Europeu, ao Conselho e ao Comité Económico e Social Europeu e ao Comité das Regiões. COM(2014) 72 final. Disponível em: <http://eur-lex.europa.eu/legal-content/PT/TXT/PDF/?uri=CELEX:52014DC0072&from=PT>. Acesso em: 16 nov. 2014.

COMITÊ GESTOR DA INTERNET NO BRASIL. *Pesquisa TIC Domicílios 2013*. Pesquisa sobre o Uso das Tecnologias de Informação e Comunicação no Brasil. Disponível em: < http://cetic.br/publicacoes/2013/tic-domicilios-2013.pdf>. Acesso em: 26 out. 2014.

COMTE-SPONVILLE, André. *O capitalismo é moral?* São Paulo: Martins Fontes, 2005. Trad. Eduardo Brandão, 223p.

CONJUR. *Lula classifica como censura projeto sobre crimes*. Disponível em: <http://www.conjur.com.br/2009-jun-27/lula-classifica-censura-projeto-azeredo-crimes-web>. Acesso em: 28 out. 2014.

CORREA, Gustavo Testa. *Aspectos jurídicos da internet*. 2. ed. São Paulo: Saraiva, 2002.

CRESPO, Marcelo Xavier de Freitas. *Crimes Digitais*. São Paulo: Saraiva, 2011.

CUNHA NETO. Marcilio José da. *Manual de informática jurídica*. Rio de janeiro: Destaque, 2002.

DAVI, René. *Os grandes sistemas do direito contemporâneo*. 2. ed., 3. tir. Trad. Hermínio A. Carvalho. São Paulo: Martins Fontes, 1998.

DE GIORGI, Raffaele. *Direito, Democracia e Risco*. Vínculos com o futuro. Porto Alegre: SAFE, 1998. p. 165-183.

DIÁLOGOS sobre Governanza de Internet. *Ejes Temáticos*. México. 2013. Disponível em: <http://www.gobernanzadeinternet.mx/#!temas/ch6q>. Acesso em: 27 out. 2014.

DUBEUX, Rafael Ramalho. Um balanço da evolução recente das leis de patentes no Brasil: os efeitos do Acordo TRIPS. Jus Navigandi, Teresina, ano 15, n. 2612, 26 ago. 2010. Disponível em: <http://jus.com.br/artigos/17269>. Acesso em: 22 jun. 2014.

FARIAS, Edilsom Pereira de. *Colisão de direitos. A honra, a intimidade, a vida privada e a imagem versus a liberdade de expressão e informação*. Porto Alegre: Sergio Fabris, 1996.

FURTADO, Gabriel Rocha. *O marco civil da Internet: a construção da cidadania virtual*. In SCHREIBER, Anderson (Coord.). Direito e Mídia. São Paulo: Atlas, 2013.

GADAMER, Hans-Georg. *Verdad y metodo*. trad. Ana Agud Aparicio y Rafael de Agapito. 2.ed. v. I. Sígueme: Salamanca, 1994.

GILISSEN, John. *Introdução histórica ao direito*. 2. ed. Trad. A. M. Hespanha e L. M. Macaísta Malheiros. Lisboa: Calouste Gulbenkian, 1995.

GLOECKNER, Ricardo Jacobsen. Funcionalismo jurídico-penal e a teoria dos sistemas sociais: um diálogo frustrado. In: SCHWARTZ, Germano Deoderlein. (Org.). *Juridicização das Esferas Sociais e Fragmentação do Direito na Sociedade Contemporânea*. Porto Alegre: Livraria do Advogado, 2011, v. 1, p. 241-285.

GUIBENTIF, Pierre. Os direitos subjetivos na teoria dos sistemas de Niklas Luhmann. In: SCHWARTZ, Germano Deoderlein. (Org.). *Juridicização das Esferas Sociais e Fragmentação do Direito na Sociedade Contemporânea*. Porto Alegre: Livraria do Advogado, 2011, v. 1, p. 171-198.

G1. *Dilma sanciona o Marco Civil da internet na abertura da NETMundial*. Disponível em: <http://g1.globo.com/tecnologia/noticia/2014/04/netmundial-inicia-com-obrigado-snowden-e-defesa-da-internet-livre.html>. Acesso em: 28 out. 2014.

HENKIN, Louis. *The rights of man today*. London: Stevens & Sons, 1979.

HUNTINGTON, Samuel. *The clash of civilization and the remaking of world order*. New York: Touchstone, 1997.

INELLAS, Gabriel Cesas Zaccaria de. *Crimes na internet*. 2. ed. São Paulo: Juarez de Oliveira, 2009.

INPI. Parecer DIRPA nº 01 de 1997.

INTERNET Governance Forum. *Report from Inter-Regional Dialogue Session at IGF 2014*. Istambul, 2014. Disponível em: <http://www.intgovforum.org/cms/documents/igf-meeting/igf-2014-istanbul/other-sessions/320-report-from-the-inter-regional-dialogue-session-igf-2014/file>. Acesso em: 27 out. 2014.

INTERNET World Stats. *World Internet Users and Population Stats*. Disponível em: <http://www.internetworldstats.com/stats.htm>. Acesso em: 27 out. 2014.

JEAN, Georges. *A escrita – memória dos homens*. Trad. Lídia da Mota Amaral. Rio de Janeiro: Objetiva, 2002.

KLAES, Marianna Izabel Medeiros. O Fenômeno da Globalização e seus Reflexos no Campo Jurídico. In: *Relações Internacionais & Globalização: grandes desafios*. Odete Maria de Oliveira (coord.). 2. ed. Ijuí: Ed. Unijuí, 1999.

KRETSCHMANN, Ângela. *História crítica do sistema jurídico*: da prudência antiga à ciência moderna. Rio de Janeiro: Renovar, 2006.

——. *Dignidade humana e direitos intelectuais*: re(visitando) o direito autoral na era digital. Florianópolis: Conceito, 2008.

——. A transição legal e desespero enciclopédico da Lei Autoral brasileira. In: *Direito da Propriedade Intelectual*: estudos em homenagem ao Pe. Bruno Jorge Hammes. WACHOVICZ, Marcos; ADOLVO, Luiz Gonzaga (orgs.). Curitiba: Juruá, 2015.

——. O feudalismo no direito autoral: um mal necessário? In: *Direito Civil*: estudos em homenagem a José de Oliveira Ascensão – teoria geral do direito, bioética, direito intelectual e sociedade da informação. Vol. 1, José Fernando Simão, Silvio Romero Beltrão (coords.). Atlas: São Paulo, 2015. p. 169-189.

——; CONCEIÇÃO, Celso; WIEDEMANN NETO, Ney; DRUMMOND, Victor. *Mostra De Iniciação Científica do Cesuca – 2317-5915*, [S.l.], n. 9, p. 53-61, dez. 2015. ISSN 2317-5915. Disponível em: <http://ojs.cesuca.edu.br/index.php/mostrac/article/view/1001>. Acesso em: 04 set. 2017.

LANGEVIN, Mark. *Será que as laranjas e a cana-de-açúcar da Flórida azedam o livre comércio? uma análise de ratificação de nível II da política comercial dos Estados Unidos com o Brasil*. Contexto int., Rio de Janeiro, v. 28, n. 1, J une 2006. Tradução de Marisa Gandelman, disponível em acesso em <http://dx.doi.org/10.1590/S0102-85292006000100003>, acesso em 24/06/2014.

LÉVÉQUE, Pierre. *As primeiras civilizações – os impérios do bronze*. Trad. António José Pinto Ribeiro. v. I. Lisboa: Edições 70, 1998.

LÉVY, Pierre. *As tecnologias da Inteligência*. O futuro do pensamento na era da informática. Rio de Janeiro: Ed. 34, 1993.

LUCERO, Everton. *Governança da Internet – Aspectos da Formação de um Regime Global e Oportunidades para a Ação Diplomática*. Brasília: Fundação Alexandre Gusmão, 2011.

LUHMANN, Niklas. *Sociologia do Direito II*. Rio de Janeiro: Tempo Brasileiro, 1983.

——. *A realidade dos meios de comunicação*. 2. ed. São Paulo: Paulus, 2011.

MONTEIRO, Washington de Barros. *Curso de direito das obrigações*. 2ª parte, 25. ed. São Paulo: Saraiva, 2009.

MICHEL, Jean. *Direito de autor, direito de cópia e direito à informação*: o ponto de vista e a ação das associações de profissionais da informação e da documentação. Trad. de Helio Kuramoto. Disponível em: <http://www.scielo.br/pdf/ci/v26n2/v26n2-4.pdf>. Acesso em: 30 ago. 2011.

MONTORO, Franco. *Introdução ao estudo do direito*. São Paulo, 2006.

ORTELLADO, Pablo; MACHADO, Jorge. *Direitos autorais e o às publicações científicas*. Revista ADUSP, agosto/06, p.6-15, disponível em <http://www.adusp.org.br/revista/37/r37a01.pdf>, acesso em 20/09/2011.

OST, François. *O tempo do direito*. Trad. Maria Fernanda Oliveira. Lisboa: Instituto Piaget, 1999.

——. *Contar a lei: as fontes do imaginário jurídico*. São Leopoldo: Unisinos, 2005. Coleção Diké, Trad. Paulo Neves.

OLIVEIRA, Manfredo Araújo de. *Desafios éticos da globalização*. São Paulo: Paulinas, 2001.

PANNARALE, Luigi. *Il diritto e le aspetattive*. Bari: Scientifiche Italiane, 1988.

PENSANDO O DIREITO. Ministério da Justiça. *Debate sobre Marco Civil da Internet reforça importância de 3 pilares do projeto:* neutralidade, privacidade e liberdade de expressão. Disponível em: <http://participacao.mj.gov.br/pensandoodireito/debate-sobre-marco-civil-da-internet-reforca-importancia-de-3-pilares-do-projeto-neutralidade-privacidade-e-liberdade-de-expressao/>. Acesso em: 28 out. 2014.

——. *Marco Civil: participação social na construção de políticas públicas*. Disponível em: <http://participacao.mj.gov.br/pensandoodireito/marco-civil-participacao-social-na-construcao-de-politicas-publicas/>. Acesso em: 28 out. 2014.

PESQUISA sobre o uso das tecnologias da informação e comunicação no Brasil [livro eletrônico]: *TIC domicílios e empresas 2013* = Survey on the use of information and communication technologies in Brazil: ICT households and enterprises 2013 / [coordenação executiva e editorial/executive and editorial coordination, Alexandre F. Barbosa ; tradução/translation DB Comunicação]. São Paulo: Comitê Gestor da Internet no Brasil, 2014. PDF. Disponível em: <http://www.cetic.br/media/docs/publicacoes/2/TIC_DOM_EMP_2013_livro_eletronico.pdf>. Acesso em: 25 out. 2014.

PODESTÁ, Fábio Henrique. Direito à intimidade em ambiente da internet. In: *Direito e internet: aspectos jurídicos relevantes*. São Paulo: Edipro.

RADBRUCH, Gustav. *Filosofia do direito*. Trad. Cabral de Moncada. Coimbra: Armênio Amado, 1979.

REALE, Miguel. *Filosofia do direito*. 16. ed. São Paulo: Saraiva, 1994.

REGALO, Henrique Hallak; CARNEIRO, Luís Inácio. *A nova sociedade digital e os desafios em relação às leis*. Disponível em: <www.letras.ufscar.br/linguasagem/edicao20/ensaios/004.pdf>. Acesso em: 28 out. 2014.

ROCHA, Leonel Severo. "A construção do tempo pelo direito". *Anuário do Programa de Pós-graduação em Direito*. Mestrado e Doutorado. São Leopoldo: Unisinos, 2003, p. 309-20.

RODRIGUEZ, José Rodrigo. Franz Neumann. O direito liberal para além de si mesmo. In: Marcos Nobre. (Org.). *Curso Livre de Teoria Critica*. 2008, v., p. 97-116.

SADER, Emir. *Carta Maior*. Alerta laranja nos Estados Unidos. 02/06/2003, disponível em <http://www.cartamaior.com.br/?/Coluna/Alerta-laranja-nos-EUA/18827>, acesso em 14/06/2014.

SANTOLIM, Cesar Viterbo Matos. *Formação e eficácia probatória dos contratos por computador*. São Paulo: Saraiva, 1995.

SARLET, Ingo Wolfgang; KRETSCHMANN, Angela. Direitos do autor como direitos fundamentais? Revista Jurídica do Cesuca. V.1, n. 1, jul./2013. p. 10 a 21. Disponível em: <http://ojs.cesuca.edu.br/index.php/revistajuridica/article/view/363/176>. Acesso em: 03 out. 2017.

SHIVA, Vandana. *Cúpula da Terra: o Norte ordena marcha-à-ré*. Disponível em: <http://www.anbio.org.br/site/index.php?option=com_content&view=article&id=420:-cupula-da-terra-o-norte-ordena-marcha-a-re&catid=66:biodiversidade&Itemid=61>. Acesso em: 14 jun. 2014.

SILVA, Michéle Tancman Cândido da. *A Geopolítica da Rede e a Governança Mundial de Internet a partir da Cúpula Mundial sobre a Sociedade da Informação*. São Paulo: USP – Tese de Doutorado, 2008.

STRECK, Lenio Luiz. *Verdade e consenso*: constituição, hermenêutica e teorias discursivas. Rio de Janeiro: Lumen Juris, 2006.

VALLE, Regina Ribeiro. Direito cibernético é uma realidade? In: *E-Dicas: O direito na sociedade da informação*. VALLE, Regina Ribeiro do (org.). São Paulo: Usina do Livro, 2005.

VARELLA, Marcelo Dias; SILVA, Alice Rocha da. A mudança de orientação da lógica de solução das controvérsias econômicas internacionais. *Revista Brasileira de Política Internacional*. IBRI: Brasília: 2006. Jul./Dez. Ano 49, n. 2.

RUIZ, Castor M. M. Bartolomé. *As encruzilhadas do humanismo*: a subjetividade e a alteridade ante os dilemas do poder ético. Vozes: Petrópolis, 2006.

STOCKINGER, Gottfried. *A sociedade da comunicação:* o contributo de Niklas Luhmann. Rio de Janeiro: Papel Virtual, 2003.

SYDOW, Spencer Toth. *Crimes informáticos e suas vítimas*. Coordenadores Alice Bianchini, Ivan Luís Marques e Luiz Flávio Gomes. São Paulo: Saraiva, 2013.

WACHOWICZ, Marcos. *Nomes de Domínio e Governo da Internet: Natureza, Regime Jurídico e Governança*. Lisboa, Portugal: 2014. Disponível em: <http://www.gedai.com.br/sites/default/files/data_lisboa_nomes_de_dominio_2014.pdf>. Acesso em: 26 out. 2014.

WENDT, Emerson. *Internet*: Percepções e Limites em Face do Direito à Extimidade na Rede. Revista Jurídica Luso Brasileira, v. 6, p. 297-318, 2015.

——. A Internet, a Cultura do Medo e a Criminalidade Cibernética: Aspectos de Produção e Interpretação do Direito Penal Contemporâneo. In: Daniela Mesquita Leutchuk de Cardematori; Marcos Jorge Catalan; Paula Pinhal de Carlos. (Org.). *Direito e Sociedade em Movimento*. 1ed.Canoas: Editora Unilasalle, 2015, v. 1, p. 93-114.

——. Morocha Virtual: alguns aspectos da violência de gênero na Internet. *Revista Eletrônica Direito & TI*, v. 1, p. 1-5, 2015.

——. Morocha Virtual: revenge porn e o Direito Penal brasileiro. *Revista Eletrônica Direito & TI*, v. 1, p. 1-5, 2015.

——; AZEREDO, Caroline M. O.; CARLOS, Paula P.. A internet e a violência contra a mulher: uma análise sobre a aplicação da Lei Maria da Penha aos casos de violência psicológica no contexto virtual. *Revista Brasileira de Ciências Criminais*, v. 119, p. 305-326, 2016.

——. *Internet & Direito Penal* – Risco e cultura do medo. Porto Alegre: Livraria do Advogado, 2016.

——; BARRETO, Alesandro Gonçalves; CASELLI, Guilherme. *Investigação Digital em Fontes Abertas*. Rio de Janeiro: Brasport, 2017. v. 1.

——. Infiltração de agentes policiais na Internet nos casos de "pedofilia": limites e perspectivas investigativas. In: Clayton da Silva Bezerra; Giovani Celso Agnoletto. (Org.). *Pedofilia*: Repressão aos Crimes de Violência Sexual Contra Crianças e Adolescentes. 1ed.Rio de Janeiro: Mallet Editora, 2017, v. 1, p. 147-162.

WIEACKER, Franz. *História do direito privado moderno*. 2. ed. Trad. de A. M. Botelho Hespanha. Lisboa: Fundação Calouste Gulbenkian, 1993.

WELLS, Herbert George. *A short history of the world*. London: Penguin Books, 1991.

WELZEL, Hans. *Introducción a la filosofia del derecho*. Trad. de Felipe González Vicen. 2. ed. Madrid: Aguilar, 1979.

WORKING Group on Internet Governance. *Reforming Internet Governance: Perspectives from the Working Group on Internet Governance (WGIG)*. Disponível em: <http://www.wgig.org/docs/book/WGIG_book.pdf>. Acesso em: 27 out. 2014.

WSIS+10. *Declaración de la CMSI+10 relativa a la aplicación de los resultados de la CMSI*. Disponível em: <http://www.itu.int/wsis/implementation/2014/forum/inc/doc/outcome/362828V2S.pdf>. Acesso em: 27 out. 2014.

Impressão:
Evangraf
Rua Waldomiro Schapke, 77 - POA/RS
Fone: (51) 3336.2466 - (51) 3336.0422
E-mail: evangraf.adm@terra.com.br